AMANDA STHERS

CAFFÈ SOSPESO

Roman

Aus dem Französischen
von Kirsten Gleinig

 ARCHE

Die Originalausgabe erschien 2022 unter dem Titel
Le café suspendu im Verlag Bernard Grasset, Paris.

ISBN 978-3-7160-0004-5

Deutsche Erstausgabe
1. Auflage 2024
© der deutschsprachigen Ausgabe
2024 Arche Literatur Verlag,
ein Imprint der Atrium Verlag AG, Zürich
© 2022 Éditions Grasset & Fasquelle
Alle Rechte vorbehalten
Lektorat: Claudia Jürgens, Berlin
Gesetzt aus der Dante MT Std
Satz: Pinkuin Satz und Datentechnik, Berlin
Druck und Bindung: GGP Media GmbH, Pößneck

www.arche-verlag.de
Facebook: ArcheVerlag
Instagram: arche_verlag

»Und dann gibt es Menschen, denen man zufällig
begegnet, die man kaum kennt, die ein Wort
oder einen Satz zu einem sagen, die einem
eine Minute gewähren oder eine halbe Stunde
und das ganze Leben verändern.«

VICTOR HUGO

Für meinen Freund Morgan S.,
dessen Großzügigkeit mich eines Tages
überwältigt hat

OUVERTÜRE
(AUF ITALIENISCHE ART)

Wenn man die Augen schließt, hört man die Wäsche, die im Wind tanzt wie Fahnen, die flirrenden Masten der Schiffe, die Stimmen, die in der Ferne lachen oder schreien, das Tyrrhenische Meer, das kommt und geht, ein paar wendige Vespas, und dieser bunt gemischte Chor besagt, dass ein Weg bereitet ist für alle, die den Fuß auf neapolitanischen Boden setzen. In Neapel gilt ein Gebot, das sich im Laufe der Zeit herausgebildet hat: Die Geschichte verläuft hier in Schleifen, denen man sich fügen muss, es gibt ein ausgeprägtes Gespür für das Schicksal. Man entkommt dem nicht, was die Stadt ins Buch unseres Lebens eingeschrieben hat, man muss damit verschmelzen, wie man sich, auch wenn man Angst hat, in den Armen des geliebten Menschen fallen lässt.

Ich heiße Jacques Madelin und bin zweiundsiebzig Jahre alt. Ich bin Franzose, aber die Umstände haben mich vor zweiundvierzig Jahren in die Bucht von Neapel geführt. Damals habe ich die Liebe verloren, aber ich bin in der Stadt geblieben. Ich wohne in einer kleinen Wohnung über der Bar von Mauricio Licelle, meinem besten Freund. Das Café Nube gehörte vor ihm seinem

Vater und seinem Großvater. Nube heißt Wolke – eine Wolke aus Milchschaum, eine Regenwolke, Bilder am Himmel oder Vorbote eines Gewitters. Wolke wie mein Herz in der Schwebe, das unfähig ist, wieder zu lieben.

Wenn man in Neapel einen Kaffee bestellt, kann man einen zweiten bezahlen, der dann als *caffè sospeso* auf die Tafel der Bar geschrieben wird: ein »aufgeschobener Kaffee«, ein Kaffee in der Schwebe für jemanden, der später hereinkommt, aber kein Geld für eine Tasse Kaffee hat. Es heißt, diese Tradition habe während der leidvollen Jahre des Zweiten Weltkriegs begonnen, oder sie gehe auf eine Gruppe von Freunden zurück, die immer ein bisschen mehr Geld daließen, weil sie nie wussten, wer von ihnen schon bezahlt hatte; manche verorten sie auch im neunzehnten Jahrhundert, als es noch Kaffeeverkäufer gab, die mit zwei großen Behältern durch die Straßen zogen, einem davon mit Kaffee und einem zweiten mit Milch. Wenn sie einen Bedürftigen trafen, reichten sie ihm einen *caffè sospeso*, den ein Wohlhabenderer zusammen mit seinem eigenen vorher bezahlt hatte, aus Solidarität und in dem stark christlich geprägten Land ganz sicher auch aus Nächstenliebe. Ein Freund sagte, ich täusche mich und es sei der legendäre Schauspieler Totò gewesen, der aus Verbundenheit mit seiner Geburtsstadt und aus Freigiebigkeit diese Tradition ins Leben rief. Aber egal, worauf er zurückgeht, den *caffè sospeso* gibt es nach wie vor. Man kann Neapel noch so viel Schlechtes nachsagen und dazu raten, beim Spazierengehen gut auf seine Tasche aufzupassen, aber überall in der Stadt dampfen großzügig gespendete Kaffeetassen.

Ich bin Karikaturist. Abends auf der Piazza del Plebiscito zeichne ich die Touristen. Manchmal will ich nicht so weit laufen und gehe nur ein paar Minuten bis zur Piazza del Mercato. Tagsüber schreibe ich in einer Ecke im Café. Mauricio erledigt seine morgendlichen Handgriffe immer auf dieselbe Weise und in der gleichen Reihenfolge. Um sieben Uhr sperrt er die Eisentür auf und tritt ein paar Schritte zurück, um seinen Palast von der Straßenmitte aus zu bewundern, wie ein Kind, das plötzlich groß geworden ist. Manchmal riecht man noch den Fisch, der gerade in das Restaurant in der dahinterliegenden Straße geliefert wurde. Mauricio tritt herein. Er knipst nur eine Lampe an, das reicht. Die Theke ist sauber, aber er kontrolliert sie noch einmal. Gleich werden die *cornetti con crema* aus der Bäckerei seiner Cousine vorbeigebracht, und er wird sie in die Vitrine am Ende des Tresens legen. Im Hinterzimmer hängt er seine Jacke an einen Haken, knöpft sein Oberhemd auf und behält nur ein ärmelloses T-Shirt an. Er greift sich einen Jutesack, bis oben hin voll mit Kaffeebohnen, und füllt diese in den nach oben offenen Behälter auf der Maschine. Er prüft, ob die Maschine richtig ans Wasser angeschlossen ist, und schaltet sie ein. Wenn dann die kleine rote Lampe angeht, ist er zufrieden, was sich oft in einem Lächeln zeigt. Während das Wasser heiß wird, schreibt er die Speisekarte für den Tag gut leserlich an die Tafel. Seine Frau Maddalena kocht das Essen in ihrer Wohnung genau gegenüber, am späten Vormittag holt Mauricio die großen, mit Alufolie abgedeckten Platten ab. Nach dem Mittagessen im Café essen die beiden zusammen, halten Siesta, und am Nachmittag geht Mauricio pünktlich um halb fünf wieder hinunter, um die Bar aufzumachen.

Während er die Gerichte an die Tafel schreibt, denkt er immer: »Ein paar Stunden noch, dann bin ich dran mit essen!« Steht kein *caffè sospeso* vom Vortag mehr an der Tafel, vermerkt Mauricio einen. Dann lässt er den ersten Kaffee des Tages durchlaufen und trinkt ihn. Einen Espresso. Sehr heiß. Ein wenig nussbraune Crema. Der italienische Espresso hinterlässt einen sehr bitteren Geschmack am Gaumen, ganz anders als der Kaffee, den die Puristen schätzen, denen er zu stark geröstet und zu schwarz ist und die die fermentierten Noten wie beim Wein vermissen. Ich bin kein Fachmann, aber ich habe nie besseren Kaffee getrunken als in Süditalien. Nur wenige setzen sich hin, um ihren Kaffee zu trinken. Das Frühstück wird am Tresen eingenommen im fröhlichen Gedränge; Blutorangensaft gemischt mit Granatapfel, wobei die Kerne zuvor von einer Maschine entfernt wurden, die es nur in Neapel gibt; auf die Schnelle verputzte Leckereien, von denen man zuckrige Hände bekommt. Witze werden zum Besten gegeben wie Marktgeschrei. Man könnte meinen, man wäre an der Börse, damals, als alle schrien, um zu kaufen und zu verkaufen. Niemand will dieses morgendliche Eintauchen ins Leben verpassen. Selbst die Alten lehnen sich an den Tresen. Auf den Bänken sitzen die Dicken, diejenigen, die länger bleiben, die jemanden zu etwas bewegen wollen – eine Frau, sich auszuziehen, einen Mann, einen Scheck zu unterschreiben, einen Vater, ihnen endlich einmal zuzuhören –, und ich, ich sitze da mit meinem Stift wie in einem französischen Bistrot an meinem angestammten Platz in der rechten Ecke des Café Nube. Manche nehmen jeden Morgen ihren Ehering ab. Wenn eine Frau hereinkommt, geht zu ihrer Freude ein leichtes Beben durch den Raum, sämtliche Blicke preisen ihre Schönheit, die Stimmen werden lauter, aber nicht aggressiv. Man muss es erlebt haben, um zu verstehen, wie die Neapolitaner die Frauen anschauen. Ein Lächeln, ein Kaffee, dann geht jeder seiner Wege in der Stadt, und der Vesuv schaut zu. Mauricio erinnert mich gern mit einem gewissen Stolz daran, dass er als der gefährlichste Vulkan der Welt gilt, als rühmte er damit die neapolitanische Männlichkeit.

Bevor der Kaffee zur schwarzen Flüssigkeit wird, ist er eine rote Frucht, er geht den Weg der Liebe. Die Samen entstehen an Kaffeepflanzen, kleinen Sträuchern, die versteckt im schattigen Unterholz wachsen. Öffnet man die fleischigen Früchte, findet man zwei grüne Samen, die darauf warten, zerstoßen, auf die Farbe von Asche zurechtgestutzt und leidvoll gemahlen zu werden. Ich habe lange gebraucht, um zu verstehen, dass das, was wir empfinden, weit hinausgeht über das, was wir als real betrachten. Was wir Intuition nennen, ist das Wichtigste im Leben. Man mag dazu Instinkt, Gefühl oder Stimmung sagen; ich glaube ganz einfach an eine Sphäre, die Liebe birgt, Hass, bevor er sich in den Fäusten festsetzt, Hoffnung, die einen antreibt, und ebenso Angst, Ekel, Boshaftigkeit und Lust, bevor sie zum Orgasmus wird. Ich wusste schon immer, dass es meine Aufgabe ist, diese abstrakten Dinge zu begreifen, um daraus Worte, Bilder und tanzende Emotionen zu machen und dem Abstrakten eine Gestalt zu geben. Jeder Künstler greift sich heraus, was ihm als das Richtige erscheint; manchmal rächt er sich an der Taubheit der anderen gegenüber seinem Leid, und oftmals denkt er, er habe die Moral für sich gepachtet. Heute bin ich überzeugt, dass Gutes zu tun vor allem heißt, sich auf vage Gefühle einzulassen, ohne dass ihre schlechten Schwingungen einen zum Hampelmann machen. Jetzt, da ich alt werde, habe ich den Eindruck, dass ein *caffè sospeso* manchmal wertvoller ist als ein Kunstwerk. Für den, der gibt, steckt ebenso wie für den, der empfängt, ein Stück Leben in dieser Tasse, die der eine sich in seiner Fantasie vorstellt und der andere aus unbekannten Händen entgegennimmt. Was hier verschenkt wird, ist nicht ein Kaffee, sondern die Welt darum herum, das Spektakel, das man mit anderen teilt, die Blicke, die sich kreuzen, Menschen, die liebenswert sind.

Die sieben Geschichten, die ich hier erzähle und die ich im Laufe der letzten vierzig Jahre im Café Nube gesammelt habe, sind alle durch das unsichtbare Band des *caffè sospeso* miteinander verbunden.

KROKODILSHAUT
1982

Es gibt keine Krokodile in Neapel, aber einst lebte ein Exemplar im Maschio Angioino, einem mittelalterlichen Schloss aus dem dreizehnten Jahrhundert, als Neapel anstelle von Palermo die Hauptstadt des Königreichs Sizilien auf dem Festland wurde. Das Schloss wurde in der Renaissance renoviert, blieb aber ziemlich hässlich. Heute beherbergt das Gebäude ein schmuckloses Museum, aber damals diente es als Getreidespeicher, und zudem wurden in seinen Kerkern die gefährlichsten Verbrecher der Gegend eingesperrt. Trotz der dicken Mauern und der strengen Bewachung gelang es ihnen regelmäßig, den Wächtern zu entkommen, ohne dass man sie je wiederfand. Nach monatelangen Ermittlungen begriff man, dass offenbar ein Schiff aus Afrika ein riesiges Krokodil mitgebracht hatte, dem das Wasser im Maul zusammenlief, wenn es die Inhaftierten roch, die es zu seiner Leibspeise erkoren hatte. Man munkelte, das Reptil sollte der Rache eines gehörnten Seemanns dienen und sei sofort geflohen, als das Schiff im Hafen vor Anker gegangen war. Aber Neapel gibt sich nie mit nur einer Fassung einer Geschichte zufrieden: Darum hieß es in den nördlichen Stadtvierteln, das Reptil stamme in Wirklichkeit aus Ägypten und habe die Aufgabe gehabt, die lästigen Geliebten der Königin Johanna II. aufzufressen. Diese Version favorisieren die Schriftsteller, Croce und Dumas haben sie in ihren Texten verewigt. Wie dem auch sei, das Krokodil wurde nie gesehen, aber Abdrücke rund um die Festung gaben Hinweise darauf, und manche schworen, sie hätten seinen schuppigen Schwanz durch die Schlossflure huschen sehen. Alle Wärter wurden mobilisiert, und die Gendarmerie unterstützte sie. Man postierte zwei Männer im Turm, die unablässig die Umgebung absuchten. Das hätte durchaus lange dauern können, denn alte Krokodile können zwei Jahre von ihren Reserven zehren und in einem lethargischen Zustand ausharren, ohne auch nur irgendetwas zu essen. Glücklicherweise war dieses Exemplar ein jugendliches (in Krokodiljahren gerechnet) und obendrein ein gieriges. Nach einigen Tagen der Jagd, die mehrere tapfere Männer das Leben kostete, wurde das Tier schließlich von einem Wärter mithilfe eines Rinderbeins gefangen, das als Köder diente, oder, den nördlichen Stadtvierteln zufolge, von dem berühmten Ferrante D'Aragona, der es mit einer Pferdekeule erstickte. Man stopfte das Krokodil aufwendig aus und schmückte damit die Eingangstür des Schlosses.

Heute erzählt man diese Legende gern den Kindern. Doch nur wenige wissen, dass der Unterbauch des Tieres, der von der Wand, die es ziert, verdeckt wird, mit Stoff geflickt ist. Aus einem Stück der schuppigen Haut wurde eine äußerst luxuriöse Tasche in erstaunlicher Farbgebung gefertigt, die Fernanda an diesem Tag am Arm trug und aus der sie ein Taschentuch hervorholte. Benedetto hatte ihr erzählt, woher ihre Tasche stammte, als er sie ihr zum zwanzigsten Hochzeitstag schenkte. Er hatte die Geschichte von dem Antiquitätenhändler in der Via San Gregorio Armeno erfahren, bei dem er das ausgefallene, geheimnisvolle Stück erstanden hatte, das zugleich obszön und anziehend war, wie Fernanda selbst.

Der kleine schnurrbärtige Trödelhändler Luigi, der zwar eine hagere Gestalt, aber einen ausladenden Bauch hatte und durchtrieben und schlau war wie ein Affe, berichtete von den unmöglichsten Geschichten rund um jede Kuriosität in seinem Laden. Sie wurden Teil der Gegenstände. Egal, ob seine Anekdoten wahr waren oder nicht – war es nicht viel wichtiger, dass man sie gern glaubte und selbst weitererzählen konnte? Sein legendärer Kramladen im Herzen einer schmalen Gasse in der Altstadt Neapels bot bunt gemischt alten Schmuck, Pelze, wertvolle Taschen und die für die Region typischen Weihnachtskrippen mit Ton- oder Holzfiguren; daneben handgefertigte Wiegen, Pulcinella-Figuren und neapolitanische Tamburine sowie Zauberbücher und afrikanische Amulette. Zudem verkaufte Luigi Bottarga, frische Anchovis und peruanischen Kakao. Er hatte in geheimnisvollem Ton hinzugefügt, die Tasche besitze gewisse Kräfte und verändere das Leben ihrer Eigentümer, so wie Krokodile ein Leben lang neue Hautschichten bilden. Trotz seiner überbordenden Fantasie hätte es Luigi, als er Benedetto die Tasche verkaufte, nicht für möglich gehalten, dass dessen Frau Fernanda sich am nächsten Tag verzweifelt an die Tasche klammern würde, und auch nicht, dass diese tatsächlich der Ausgangspunkt einer großen Wandlung sein und eine wichtige Rolle in einem unglaublichen Abenteuer spielen würde. Das Schlosskrokodil hatte durchaus noch ein Wörtchen mitzureden.

Fernanda wusste nicht, dass ich sie von der Brüstung meines Fensters aus beobachtete, während sie ihre Tränen unterdrückte und unauffällig ins Innere des Café Nube schaute. Ihre stilvolle Hässlichkeit faszinierte mich auf Anhieb, und die Traurigkeit trug nur noch zu ihrer tragischen Erscheinung bei. Damals hatte ich keine Ahnung, was sich gerade abspielte.

Hätte ich ins Café hineinblicken können, hätte ich die Protagonisten einer Geschichte gesehen, die zwei Monate zuvor, Ende März, begonnen hatte. Ich saß an jenem Tag hinten im Café, auf meinem Lieblingsplatz, als Benedetto Livari in aller Frühe hereinkam. Benedetto war kein Stammgast, aber an diesem Tag wartete er darauf, dass es neun Uhr wurde, um bei einem seiner Mieter klingeln zu können, der seit Monaten nicht bezahlt hatte. Benedetto, dessen ursprünglich blassrotes Haar inzwischen weiß war, besaß viele Immobilien und Hotels in Neapel, Ravello und Positano, eine florierende Firma für Zitronenjoghurt sowie eine Hutmanufaktur, in der wunderschöne Filzhüte produziert wurden, die als einzige mit denen seines Erzrivalen Borsalino konkurrieren konnten. Wenn etwas nicht so lief wie geplant, schickte Benedetto nie seine Angestellten, er regelte Probleme lieber selbst. Das gab ihm ein befriedigendes Machtgefühl. Gerade war er also im Begriff, zu dem Rüpel zu gehen und ihn zu vertreiben, falls er nicht sofort bezahlte.

Seit er aufgewacht war, hatte er sich absichtlich in eine bärbeißige Stimmung versetzt. Die ungewöhnlich große Hitze machte ihm zu schaffen, schon bevor die Sonne aufging. Er bestellte seinen Kaffee und setzte sich. Normalerweise stand er am Tresen, aber heute war er erschöpft, ja traurig. Er verlor die Lust an seinen Ritualen, die ihm einst Halt gegeben hatten, inzwischen aber nur noch Ausdruck eines sich verengenden, eintönigen Lebens waren, das immer weniger Perspektiven bot. Benedetto fragte sich gerade, ob seine besten Jahre nicht bereits hinter ihm lagen und seine Füße womöglich größer geworden waren, so sehr drückten ihn seine Schuhe, als die Leidenschaft in Person von Silvia Preziosa, meiner Flurnachbarin, ins Café Nube Einzug hielt. Mit ihren üppigen, in ein knallrotes Kleid gezwängten Brüsten, ihren Hund Fusilli auf dem Arm, erkundigte sie sich wie jeden Morgen, ob ein *caffè sospeso* an der Tafel stünde. Ohne Mauricios Antwort abzuwarten, lud Benedetto sie dazu ein und sagte ihr, sie »bringe seinen Vormittag zum Strahlen«, eine verbreitete Höflichkeitsfloskel der Neapolitaner. Er wäre der glücklichste Mann, fügte er hinzu, wenn sie sich an seinen Tisch setzen wollte, und Benedetto krönte seine Bestellung noch mit zwei Gläsern frisch gepresstem Orangensaft, Eis, Obst, Ricotta und Keksen, damit Silvia begriff, wie begeistert er war. Sonst hinterließ Benedetto nie einen *caffè sospeso*, er konnte die »scugnizzi« nicht ausstehen, die Straßenkinder, die in den Tag hineinlebten; er verwehrte sich dagegen, diese wilde Freiheit zu unterstützen, aber einen Kaffee für eine hübsche Frau, das war in Ordnung! Bei Silvias Anblick war seine Erschöpfung mit einem Mal verschwunden gewesen, das drohende Alter, das er noch zehn Minuten vorher zu spüren geglaubt hatte, war nichts weiter als ein entfernter Horizont, und seine engen Mokassins hatte er komplett vergessen. Silvias Wangen röteten sich, passend zu ihrem Kleid, und sie erging sich in Entschuldigungen: Sie sei so schusselig!

19

Sie habe ihre Schlüssel zu Hause liegen gelassen, als sie mit dem Hund nach draußen gegangen sei, und habe sich ausgeschlossen, ganz ohne Geld …

Wir hatten sie diese Leier schon bei etlichen Gelegenheiten abspulen hören, aber Silvia war derart überzeugend, dass sogar die Stammgäste des Café Nube ihr glaubten. Silvias Fantasie kam mit der Zeit immer mehr in Gang, und sie schmückte ihre Geschichte wunderbar mit lauter neuen Details aus. An jenem Morgen vergaß Benedetto alles: den säumigen Mieter, seine Traurigkeit, seine Wut und vor allem den Ehering an seinem Wurstfinger.

Als es Mittag war, weinte Silvia in seinem Arm und erzählte ihm ihre tragische Kindheit in Palermo und wie die Männer sie ausgenutzt hatten, ohne sie je zu beschützen. Benedetto hatte völlig vergessen, was ihn am Morgen umgetrieben hatte, er hing an ihren Lippen, fühlte sich mächtig und tapfer. Er war ein starker Retter! Er konnte es noch nicht klar in Worte fassen, aber er ahnte bereits, dass der letzte Teil seines Lebens mit den Schulterbewegungen dieser sinnlichen Frau verbunden wäre, sein Kopf in ihre riesigen Brüste geschmiegt. Benedettos Haut war sonnengegerbt, und seine Nase war wie angefressen von der Zeit. Doch seine Haltung war noch die des Jugendlichen, der gefallen hatte, eine Art Selbstsicherheit, die genügt, um einem Menschen unglaublichen Charme zu verleihen. Er begleitete Silvia ganz unschuldig bis zum Haus einer Freundin, die einen Zweitschlüssel für ihre Wohnung besaß. Er bat sie inständig um ein Wiedersehen und rang ihr ein Treffen in der darauffolgenden Woche ab, zur selben Zeit im Café Nube, nachdem er ihr versichert hatte, dass der Ring an seinem Finger nichts als ein Überbleibsel seiner zerrütteten Ehe und die Scheidung bereits im Gange sei.

Ich stelle mir vor, dass er mit leichtem Herzen zu seinem Büro ging, dass er herumscherzte, erst spät nach Hause ging und meinte, kaum dass er durch die Tür getreten war, dass es bei ihm zu Hause kalt, das Essen langweilig, Fernanda grau, seine Kinder laut und seine Welt eng war und dass er in seiner Einrichtung überall nach etwas Rotem suchte, um die füllige und lebendige Erinnerung an Silvia in ihrem klatschmohnroten Kleid zu bewahren. Die nächste Woche muss ihm lang erschienen sein. Silvia und ich rauchten Zigaretten auf dem Balkon vor unseren Wohnungen, den wir uns teilten. Sie gestand mir, dass sie den Gedanken, reich zu sein, erfreulich finde, dass sie ihr Leben lang naiv und respektvoll gewesen sei und genug davon habe. Sie werde schließlich älter. »Schau dir nur die Falten um meine Augen an, bald bin ich von Kopf bis Fuß rissig wie eine japanische Vase!« Sie würde sich die Gelegenheit mit Benedetto nicht entgehen lassen.

Silvia hatte gelitten, man hatte sie geschlagen und gedemütigt. Nachdem die Männer, die sie leidenschaftlich geliebt hatte, sie betrogen hatten, wusste sie zumindest, wie sie es anstellen musste, wenn sie nicht verliebt war, wann es galt, den Blick zu senken, die Schüchterne zu spielen, sich zu verweigern, sich schließlich hinzugeben und dabei das Gefühl zu hinterlassen, dass sie Teile eines Geheimnisses verbarg, das man entschlüsseln musste. Ich hatte sie groß, um nicht zu sagen alt werden und ihre Illusionen verlieren sehen, und das Geräusch des Schlüssels im Türschloss am Abend war nicht mehr dasselbe wie damals, als sie unbekümmert und überstürzt eingezogen war, voller Träume. Sie sah Benedetto Livari als ihre letzte Chance auf Revanche, was ihr durchaus gereicht hätte, denn das Glück schien in ihrem Leben nicht verweilen zu wollen. Seit ihrem zweiten Treffen war Benedetto bis über beide Ohren verliebt, und sie war es, an die er dachte, als er das Stück Krokodil mit dem vergoldeten Verschluss als letztes Hochzeitstagsgeschenk kaufte. Er hatte sich vorgenommen, Fernanda zu sagen, er werde sie nach dem Besuch ihrer Schwester an Ostern verlassen. Den Sommer würde er nicht ohne Silvia verbringen.

Einen Monat nach ihrer ersten Begegnung schlief Benedetto in Silvias Baldachinbett, das über dem Café Nube quietschte, auf ziemlich jämmerliche Weise mit ihr, aber Silvias Stöhnen gab ihm Vertrauen in seine Fähigkeiten, sodass der zweite Versuch schon wagemutiger und der dritte durchaus beachtlich war angesichts seines Alters und seines dürftigen Sachverstands auf diesem Gebiet. Silvia musste gar nicht die ganze Zeit etwas vortäuschen. Als der Radau zu Ende war, spendierte Mauricio fröhlich strahlend eine Lokalrunde unter großem Applaus, der bis ins Schlafzimmer drang. Das Liebespaar teilte sich eine Zigarette, wie in der Jugend, und fragte mich vom Balkon aus, während ich unten auf der Caféterrasse saß, ob ich ihnen nicht eine der legendären Pannacotta aus dem Café Nube heraufbringen könne. Benedetto hatte einen ausgeprägten neapolitanischen Akzent, und er verwendete drollige Redewendungen, die nur kannte, wer wie er in dieser Stadt geboren war. Silvia verstand alles, antwortete aber in gewähltem Italienisch. Sie hatte ewig gebraucht, um es sich anzueignen, und pflegte es wie ihre Haut, die sie mehrmals täglich mit Feuchtigkeit versorgte. Als sie Benedetto fragte, ob er auch Italienisch spreche, und zwar wie in Mailand, eine Sprache, die zu seinem Bankkonto zu passen schien, antwortete er lachend: »Aber wozu denn? Ich bin Neapolitaner, wir leben in Neapel, in meiner Sprache gibt es hundertfünfzig Arten, Idiot zu sagen, ich kenne sie alle, und eines Tages bringe ich sie dir bei! Es ist die schönste Sprache der Welt! Du willst doch schließlich auch nicht in Lumpen herumlaufen, oder? Neapolitanisch, das ist meine Kleidung, verstehst du?« Am Ende seiner Ausführungen legte er ihr seine Pranke auf den Hintern. Sie kicherten und knutschten, Verliebte sind immer albern und nervig. Vor Silvias Fenster hing Wäsche zum Trocknen, ein Negligé und rote Unterwäsche. Ihre Großmutter hatte ihr beigebracht, stets die Farbe der Leidenschaft zu tragen, damit der böse Blick sie verschone. Sie hatte vergessen, dass es auch die Farbe der Gefahr war. Benedetto betrachtete sie wie ein verliebter Gockel, es war so schön, so einfach, bei ihr empfand er wieder das köstliche Stechen anfänglicher Liebe. Silvia war besorgt, er könnte einfach so verschwinden, wie wenn man fürchtet, ein Lottoschein könnte einem von einem Windstoß aus der Hand geweht werden, und bat ihn, nicht nach Hause zurückzugehen, sie nicht mehr allzu lange allein zu lassen. Er ging in dieser Nacht nur ein paar Stunden nach Hause und brach dann wieder auf, unter dem Vorwand, er habe einen beruflichen Termin, zu dem er mehrere Stunden unterwegs sei. Hormongeputscht, wie er war, brauchte er keinen Schlaf mehr.

Was Benedetto nicht wusste, war, dass Fernanda ihn beschattete. Seit mehreren Wochen aß er kein Dessert mehr, legte übermäßig Parfum auf und pfiff unter der Dusche. Grund genug für seine Ehefrau, um zu begreifen, dass ihr gemeinsames Leben in Gefahr war. Sie hatte sich vorgestellt, er begehre einfach eine andere, nicht wissend, dass reife Männer, ebenso wie junge Frauen, das leicht einmal mit Liebe verwechseln. Wie in einem schlechten Film staffierte Fernanda sich mit einem Trenchcoat aus und verdeckte ihr Gesicht zur Hälfte mit einer schwarzen Sonnenbrille à la Jackie Kennedy, mit der sie aussah wie eine alte Fliege. Fernanda strengte sich an, sie log und kämpfte, daraus bestand ihr Leben. Darum war sie, als sie, die Krokodilledertasche am Arm, ihren Mann mit dieser schönen Frau am Tisch sitzen sah, zwar durchaus verletzt, aber nicht verletzt wie eine Person, die alles auf sich bezieht. Nachdem sie den Stich im Herzen gespürt hatte und die Gefahr erst einmal ausgemacht war, fragte sie sich, was sie tun konnte. Was wollte sie? Sich von Benedetto trennen? Das stand gar nicht zur Debatte. Fernanda fragte sich: Bin ich eine runzlige alte Schachtel für ihn? Wie diese Tasche? Und inmitten dieser logischen Fragen drängten sich ihr Bilder auf ... Wohin zieht der Duft von Blumen, wenn sie welken? Wohin geht die Liebe, wenn sie vergeht? Sprechen wir, damit uns jemand hört? Lieben wir, um zurückgeliebt zu werden? Und weinen wir auch ganz allein?

Sie beobachtete Benedetto durchs Fenster des Café Nube. Er war nicht mehr der schöne Mann, der er einst gewesen war. Mit den kahlen Schläfen, den eingefallenen Wangen und dem Ansatz eines Schmerbauchs rührte seine Erscheinung seine Frau trotzdem. Fernanda hatte den umgekehrten Weg beschritten und mithilfe von

Gesichtspflege und aufwendiger Frisur ihr hässliches Äußeres in eine stilvolle Erscheinung verwandelt. Als das untreue Paar nach nicht hörbaren, aber so ausdrucksstarken Liebesbekundungen, dass Fernanda in Panik geriet, aus dem Café trat, trennten sich die beiden nach einem letzten leidenschaftlichen Kuss. Mit einem flauen Gefühl im Bauch ließ Fernanda ihren Mann davongehen und folgte ihrer Rivalin in die andere Richtung. Silvia war nicht perfekt, sie hatte einen etwas mehr als prallen Hintern, üppige Brüste und eine schmale Taille, was ihr die Form einer Sanduhr aus Fleisch und Blut verlieh. Sie stieg in ein Taxi, um zur Via dei Mille zu fahren, und Fernanda hätte sie beinahe verloren, fand sie aber inmitten der neapolitanischen Staus mithilfe ihres treuen Chauffeurs wieder, eines schnurrbärtigen Mannes namens Flavio, der heimlich darauf sparte, sich den Schnurrbart entfernen und Körperteile abnehmen sowie andere hinzufügen zu lassen und sich in Flavia umzubenennen. Man hätte die ganze Szene für einen schlechten Thriller in Zeitlupe halten können: Das Taxi stand schon fast und wäre in zwei Schritten erreichbar gewesen zwischen Hupen und typisch neapolitanischem Geschimpfe zur Hauptverkehrszeit (*Polentoni fascisti! Rompiscatole! Porca! Puttana troia!* und andere Nettigkeiten …). An rote Ampeln hatten sich erfahrene neapolitanische Autofahrer noch nie gehalten, woraus ein völliges Chaos resultierte, in dem alle feststeckten, aber das Gefühl hatten, vollkommen frei zu sein. Da schlug Silvia ungeduldig und entnervt vom Verkehr die Tür des Taxis zu und ging zu Fuß weiter. Benedetto hatte ihr ein Bündel Geldscheine gegeben und ihr aufgetragen, sich die schönsten Sommerkleider zu kaufen. Er plante, sie auf eine Kreuzfahrt mitzunehmen und bei alten Freunden auf Capri haltzumachen, um sie ihnen wie eine Jagdtrophäe zu präsentieren. Mehr noch aus Angst als vom schnellen Gehen außer Atem, folgte Fernanda ihrer Rivalin in das Geschäft und schlüpfte mit dem gleichen Kleid, nur eine Größe kleiner, in die angrenzende Umkleidekabine. Im selben Moment trat Benedetto am anderen Ende der Stadt in das Gebäude im faschistischen Architekturstil Mussolinis, in dem die Kanzlei von Rechtsanwalt Pericone lag, der auf Familienrecht spezialisiert war, um mit ihm die Scheidungsvereinbarungen aufzusetzen, die den größten Erfolg und die geringsten Kosten versprachen. (Ein lustiges Detail am Rande: Wie das Schicksal so spielt, sollte sich Rechtsanwalt Pericone eines Tages unsterblich in eine gewisse Flavia verlieben, die ihm zwar keine Kinder würde schenken können, ihm aber einen blasen konnte, wie nur ein Mann es vermag, und zusammen würden sie sich an die Namen von Benedetto und Fernanda erinnern, ohne die genauen Umstände ihrer Begegnungen preisgeben zu dürfen.) Die beiden Frauen traten gleichzeitig in den gleichen Kleidern aus ihren Kabinen. Was an Fernanda unglaublich schick aussah, wirkte an Silvia überaus sexy.

»So was aber auch, das ist ja lustig!«, rief die hübsche, dralle Silvia.

Fernanda musterte sie von Kopf bis Fuß und schluckte ihre Tränen hinunter. Die Verkäuferin wusste nicht, wie sie einen Artikel verkaufen sollte, der gleichzeitig auf derart unterschiedliche Weise getragen wurde.

»Zwei Frauen, zwei Kleider – Sie sind alle beide wunderschön!«

»Mir macht es nichts aus, das gleiche Kleid zu haben! Es ist doch lustig, wie zwei Mädchen in Uniform. Und Sie sehen sehr apart aus ...«, fügte Silvia hinzu.

Sie war liebenswürdig und wirkte nett, aber Fernanda brachte es nicht fertig zu lächeln, ihre Kaltblütigkeit funktionierte nicht mehr, und das Herz schlug ihr bis zum Hals. Sie stürzte in die Kabine zurück, zog das Kleid so schnell wie möglich aus, verließ das Geschäft, besann sich dann aber anders, während sie zu ihrem Wagen lief. Letztlich musste sie sich nicht schämen, sie war eine Geschäftsfrau, sie würde das Problem nicht wie all die untröstlichen Hausfrauen angehen. Nein, Fernanda hatte vor zu handeln! Sie hätte unter diesen Umständen gern eine Zigarette geraucht, allein auf der Straße. Die Zigarette zum Mund zu führen hätte ihr bestimmt Gelassenheit verliehen, sie hätte nicht so lächerlich gewirkt. Nachdem sie zwanzig Minuten vor dem Geschäft auf Silvia gewartet hatte, kam diese endlich heraus, mit lauter Taschen, aber ohne Schuldgefühle. Fernanda ging erhobenen Hauptes auf sie zu. Klar und messerscharf schleuderte sie ihr kurz und knapp entgegen:

»Ich bin Fernanda, die Frau von Benedetto.«

Nichts geschah.

»Ich ... Ich verstehe nicht.«

Silvia schien verloren, wie wenn die Augen sich erst an das Halbdunkel gewöhnen müssen, aber Fernandas Stimme war fest, und mit ihrer tadellosen Haltung gab sie sich beschwichtigend.

»Ich bin mir sicher, Sie verstehen sehr wohl, aber keine Panik. Ich will keinen Skandal. Können wir einfach zusammen einen Kaffee trinken?«

Silvia stockte einen Moment, aber Fernanda hielt sie mit einer kleinen Kopfbewegung zum Gehen an. Sie stiegen ins Auto. Silvia begann zu zittern.

»Ich tue Ihnen nichts, keine Sorge. Ich bin keine betrogene Ehefrau, die hysterisch reagiert.«

Die beiden Frauen saßen schweigend da, während der Chauffeur sie im Rückspiegel neugierig beäugte. Er warf ihnen begehrliche Blicke zu und fragte sich, ob er sich lieber große, sinnliche Brüste wie die von Silvia machen lassen sollte oder eine feste, kleinere Brust, die, wie bei Fernanda, eine schmale Gestalt unterstrich. Fernanda hatte Flavio, der mit dem alten Mercedes durch die Straßen der Stadt raste, das Café Nube genannt und zu Silvia gesagt, »das ist ganz reizend«, als würde diese den Ort nicht kennen. Fernanda mochte es, wenn die Dinge sich rundeten, ihr gefiel der Gedanke, dass das, was an diesem Ort aufgedeckt wurde, auch hier geklärt würde. Sie wusste nicht, dass es ebenfalls der Ort war, an dem ihr Ehemann und seine Geliebte sich kennengelernt hatten, und dass sie mich zum wunschlos glücklichen Voyeur machte, als sie sich auf eine Bank neben meinem Stammplatz hinten im Lokal setzte. Silvias Tasche war zu groß für einen Stuhl, und so stellte sie sie in meine Nähe und warf mir dabei einen verstohlenen Blick zu wie einen Hilferuf. Also tat ich so, als würde ich schreiben, aber ich hörte jeden noch so kleinen Fetzen des Gesprächs. Fernanda bestellte zwei Kaffee, ohne Silvia überhaupt zu fragen.

»Ich bin es nicht gewohnt, um den heißen Brei herumzureden, ich werde mich also klar und deutlich ausdrücken: Wie viel wollen Sie?«

»Wofür?«

»Um zu verschwinden.«

»Jetzt verstehe ich wirklich nicht.«

»Mein Mann hatte durchaus eine gewisse Anziehungskraft, als ich ihn geheiratet habe, aber heute ist sein Portemonnaie deutlich verführerischer als der Rest, und zufällig bin ich sein Portemonnaie. Er ist in diesem Moment gerade bei Rechtsanwalt Pericone, der, wie mein Mann nicht weiß, ein Freund der Familie ist und der ihm mitteilen wird, dass alles mir gehört. Wenn er mich verlässt, dann vollkommen mittellos. Ich versichere Ihnen, arm werden Sie ihn deutlich weniger charmant finden. Er gehört mir, verstehen Sie? Wir haben zwei Kinder. Ich bin alldem ebenso verbunden wie den Regeln des Anstands. Ich bin bereit, dafür zu zahlen, dass Sie aus seinem Leben verschwinden, und zwar so, dass er ohne Liebeskummer zu mir zurückkehrt.«

»Ich bin keine Prostituierte, Signora.«

»Ganz genau, was halten Sie also von zwanzig Millionen Lire dafür, dass Sie nicht mehr mit meinem Mann schlafen? Dass Sie ihm sagen, sie wären schwanger von einem anderen Mann? Und verschwinden, um einen erfundenen Freund wiederzutreffen, ohne jemals zurückzukehren?«

Silvia zögerte ein wenig. Bei keiner Fernsehquizshow hatte ich je derartig gezittert. Ich hielt die Luft an aus Angst, sie könnten aufhören, weiterzusprechen.

»Vierzig Millionen«, erklärte Silvia in sanftem Ton.

»Sie sind mit Schönheit, aber nicht mit Demut gesegnet.«

»Ich will nichts bereuen.«

»Wo werden Sie mit dem Geld hingehen?«

»Ich weiß nicht.«

»Entscheiden Sie sich. Und kommen Sie mir nicht mit Capri oder gar mit Rom. Ich verlange, dass Sie weit weg gehen. Überlegen Sie sich etwas Exotisches!«, sagte Fernanda und hielt ihr Krokodil wie einen Schutzschild vor sich.

»Sie haben eine sehr hübsche Tasche.«

Es wurde ein Treffen für den nächsten Morgen vereinbart, um das Geld zu übergeben und die Einzelheiten für Silvias Umzug zu regeln. Fernanda verlangte, dass alle nötigen Maßnahmen sofort getroffen wurden, gab ihrer Feindin, die sie der Macht des Geldes unterworfen hatte, die Hand und erhob sich mit einem höflichen Lächeln. Ohne mich dabei anzuschauen, flüsterte sie mir zu: »Wir sehen uns wieder.«

Im selben Augenblick schlug Benedetto mit der Faust auf den Tisch. Es musste doch irgendeine Möglichkeit geben! Sicher, Fernanda hatte die Geschäfte angekurbelt, und der Ausgangspunkt des Vermögens waren ihre Immobilien, die sie von ihrer Großmutter geerbt hatte, aber seit Jahren war er es, er, Benedetto, der die Firmengruppe meisterhaft leitete! Rechtsanwalt Pericone müsse Verständnis dafür haben, er könne doch nicht auf ewig an dieselbe Frau gebunden sein! Er müsse einen Teil des Geldes und der Firmen erhalten, die schließlich auch ihm gehörten! »Das ist doch legitim, oder etwa nicht?«, fragte Benedetto, und dann flüsterte er Pericone zuckersüß zu, dass seine Geliebte ein paar Wahnsinnsfreundinnen hätte und dass er als Rechtsanwalt und mit seinem gezwirbelten Bart diesen sinnlichen und alles andere als schüchternen Frauen bestimmt den Kopf verdrehen könnte. Dieses zuvorkommende Angebot rüttelte Rechtsanwalt Pericone auf, und er senkte seine Stimme … Es gebe durchaus Mittel und Wege, aber sie seien nicht ganz legal, und Pericone könne Benedetto vernünftigerweise nicht dazu raten. Er sei bereit, ihm außerhalb seiner Kanzlei, zum Beispiel in einem Restaurant, all die grässlichen Dinge zu erzählen, die er auf keinen Fall tun sollte. Anschließend würde Benedetto vergessen, was er gehört hatte, und Rechtsanwalt Pericone wäre für nichts verantwortlich. Die beiden Männer lächelten zufrieden und verabredeten sich zum Essen für den nächsten Abend. Grundsätze sind schließlich dazu da, für jeden passend gemacht zu werden.

Am selben Abend aß ich bei Mauricio und seiner Frau Maddalena und erzählte ihnen die ganze Geschichte. Sie glaubten ihren Ohren nicht, aber ich schwor ihnen, ich hätte nichts dazuerfunden. Wir lachten bis spät in die Nacht, und Maddalena witzelte, sie hätte Silvia im Gegenteil Geld dafür gegeben, zusammen mit ihrem Ehemann weit wegzugehen!

Woanders in der Stadt betrachtete Fernanda den schlafenden Benedetto, der mit dem befriedigten Lächeln eines schmachtenden Mannes dalag. Er war rührend, auch wenn er in eine andere verliebt war, dachte Fernanda aus lauter widersprüchlichen Gefühlen heraus. Ihre Rachegelüste waren besänftigt von der Zuneigung, die Menschen füreinander hegen, die schon so lange zusammenleben, dass ihre Gerüche sich vermischen. Sie erinnerte sich ganz genau daran, wie sie Benedetto zum ersten Mal gesehen hatte. Sein rotes Haar hatte ein Feuer in ihrem Bauch entfacht, ein Verlangen, das sie vorher nicht gekannt hatte, wie eine Ohrfeige. Er besaß die Selbstsicherheit eines Mannes, der Erfolg bei Frauen hat. Nicht, dass er besonders schön gewesen wäre, aber er war rebellisch, sein Blick hielt stand, er konnte verstohlen lächeln und zwinkern. Sein Liebesleben hatte damit begonnen, dass er das Herz des schönsten Mädchens der Schule erobert hatte, ein bisschen zufällig, durch eine Verkettung glücklicher Umstände, und seither gab er sich als Mann, der gut ankam. Er war zwanzig Jahre alt, arbeitete im Restaurant seines Onkels und fuhr eine gelbe Rumi Formichino, ohne Helm. Fernanda hatte sich zurückhalten müssen, um bei seinem Anblick nicht mit offenem Mund dazustehen, so sehr entsprach er ihren Fantasievorstellungen. Benedetto hatte sie nicht wahrgenommen, Fernanda wusste, dass sie mit ihrer langen Nase nicht gerade anmutig war, aber sie war davon überzeugt, dass ihr ein außergewöhnliches Schicksal beschert war, und darum gestand sie sich große Träume zu und war bereit, etwas dafür zu unternehmen. Sie wollte sich ihm ganz und gar hingeben. Sie ging in die Kirche, um eine Kerze anzuzünden, und formulierte klar und deutlich ihren Wunsch, diesem Mann zu gehören. Fernandas Eltern waren nicht arm, aber ihre einfache und anstrengende Arbeit erlaubte ihnen keinerlei Luxus. Ihre Mutter war umwerfend schön. Man munkelte, sie sei eine Prostituierte gewesen, was erklärte, dass niemand aus der Familie ihres Vaters mit ihnen sprach: Er hatte seiner Familie und seinem Vermögen den Rücken gekehrt, aus Liebe. Fernanda hatte nicht die makellosen Züge ihrer Mutter geerbt, sondern war unglücklicherweise ihrer Großmutter väterlicherseits wie aus dem

Gesicht geschnitten, als würde die alte Dame sich damit rächen und die Nutte verfluchen, die ihr ihren Lieblingssohn genommen hatte. Fernandas Mutter dachte an ihre Schwiegermutter, sobald ihr Blick auf ihre Tochter fiel, weshalb sie ihn meist von Fernanda abwandte, die darum ganz allein mit ihren Träumen groß wurde. Am Tag, nachdem Fernanda gebetet und Gott angerufen hatte, ihr ein Zeichen zu senden oder Benedettos Liebe zu entfachen, damit er sie aus ihrem erbärmlichen Zuhause erlöse, starb ihre Großmutter. Als Erbe hinterließ sie Fernanda das Haus der Familie unter der Bedingung, dass ihre Eltern nicht dort wohnen würden. Fernanda spürte, dass die Antwort des allmächtigen Gottes auf ihr Flehen Teil dieses Ereignisses war und sie in gewisser Weise ihre Großmutter getötet hatte. Doch das betrübte sie nicht, sondern erfüllte sie im Gegenteil mit einem Machtrausch, den sie nicht mehr missen wollte. Und auch wenn Gott nicht immer verlässlich war, das Geld war es. Mit nur neunzehn Jahren verwandelte sie das Haus der Familie in ein Luxushotel – der Grundstein eines Vermögens, das sie hartnäckig zu vermehren suchte. Nach und nach erwarb sie Marktanteile an den Unternehmen ihrer Zulieferer für Olivenöl und Seife, gönnte sich ein zweites Hotel und passende Kleider, ein Cabrio, eine Perserkatze und schließlich maßgeschneiderte Kleider, die ihr einen eleganten Stil verliehen. Alles ließ sich kaufen, selbst der Junge mit dem roten Haar, den sie faszinierte und der ihr Begehren erwiderte. In den ersten Jahren hatten sie wie verrückt Sex. Fernanda war unersättlich. Benedetto hatte sie als Jungfrau kennengelernt, aber sie entpuppte sich als wahrer Wirbelsturm, wie er ihn noch nie erlebt hatte, selbst nicht bei den heißesten

Prostituierten der Quartieri Spagnoli, die er regelmäßig besuchte. Benedetto und Fernanda bekamen bald zwei Kinder, um die sie sich wunderbar kümmerte, mehr aus Pflichtgefühl als aus Mutterliebe. Sie war extrem verliebt, und alles, was sie tat, tat sie für ihren Ehemann. Sie hatte ihnen beiden zu Reichtum verholfen und trat hinter ihm zurück, bis er sogar vergaß, dass er ihr alles verdankte. Sie fuhr mit ihm in den Urlaub, wohin er wollte, sie krümmte sich vor Hunger, um schlank zu bleiben, und kletterte im Morgengrauen aus dem Bett, um sich zu schminken, bevor sein Wecker klingelte, und das noch zwanzig Jahre, nachdem er ihr den Ehering an den Finger gesteckt hatte. Immer akkurat epiliert und mit einem Lächeln auf dem Gesicht, hörte Fernanda mit Benedetto Jazzplatten, obwohl sie es hasste. Aber offenbar reichte das nicht. Würde sie die Oberhand zurückgewinnen, wenn diese Frau erst einmal weit weg wäre? Oder zeigte sich hier, dass er sie ersetzen wollte, egal wie?

Während der Zeiger auf der Schlafzimmeruhr Stunde um Stunde vorrückte, kam Fernanda zu der Überzeugung, dass sie richtiglag, dass die Einigung mit Silvia ein weiteres Zeichen ihrer Liebe und nicht von Besitzgier war, und sie sagte ihm nichts von dem, was sie in dieser Nacht umtrieb, denn es hätte sie beide in die Hölle gebracht. Fernanda versuchte zu schlafen, aber ein triebhaftes Verlangen, wie sie es seit ihrer Jugend nicht mehr empfunden hatte, stieg aus ihrem tiefsten Innern auf, und eine Lust auf Sex, die in ihrem Schoß kauerte, überwältigte sie. Sie schmiegte sich an ihren Mann, ließ ihre Hand in die Baumwollhose seines Schlafanzugs gleiten und fing an, sein Geschlecht zu streicheln. Benedetto stöhnte im Schlaf. Als er aufschreckte, war er hart, und Fernanda setzte sich auf ihn. Auf seinem Gesicht blitzte Entsetzen auf, denn im Traum war er mit Silvia zusammen gewesen, aber er ließ es geschehen. Was für ein schönes Abschiedsgeschenk er Fernanda damit machte! Offenbar waren die Frauen alle verrückt nach ihm.

Anders als normalerweise wachte er nicht mit den ersten Sonnenstrahlen auf, sondern schnarchte noch gemütlich, als seine Frau aus der großen Wohnung schlüpfte. Im wunderschönen Morgengrauen ging Fernanda zur Bank.

Über dem Café Nube eilte Silvia geschäftig hin und her, sie musste ihre Koffer packen und sich überlegen, wo sie von nun an leben wollte. Sie sprach ein paar Brocken Französisch, warum nicht Paris? Oder weit, sehr weit weg, ein Strand? Und wenn sie ihn nun doch liebte? Benedetto war zuvorkommend, verliebt, leidenschaftlich und hatte ihr alles Mögliche versprochen. Vielleicht war er auch das Doppelte der Summe wert, die Fernanda ihr anbot? Sie dachte über Benedetto wie über ein Rennpferd nach, das sie spottbillig weggegeben hatte, und klopfte mitten in der Nacht an meine Tür, um mich um Rat zu fragen. Ich legte ihr ganz im Gegenteil nahe, das Geschäft so schnell wie möglich abzuschließen – das Wort eines verheirateten Mannes ist so flüchtig wie ein Schmetterling. Und wenn seine Frau nun ihre Meinung änderte und ihn am Ende loswerden wollte? Es brauchte lediglich einen etwas heftigeren Streit, ein Glas Wein, das die Augen öffnete – denn das Angebot war ebenso vergänglich wie Silvias Schönheit. Es war die Chance ihres Lebens. Am frühen Morgen kam Maddalena und versteckte sich bei mir, und wie zwei Teenager spionierten wir Silvia bei ihrem Aufbruch aus. Sie nagelte einen Trennungsbrief für Benedetto an ihre Tür, in dem sie, wie versprochen, von einer Schwangerschaft berichtete, für die er nicht verantwortlich sei. Das weiß ich, weil Maddalena und ich den Brief lasen, bevor wir ihn wieder zuklebten und uns schnell versteckten.

Um halb zehn war Silvia reich. Fernanda setzte sie persönlich am Flughafen ab, von wo aus sie nach Rom und dann nach Rio de Janeiro fliegen wollte, um zu einem brutalen Liebhaber zurückzukehren, den sie noch immer im Herzen trug, die blauen Flecke hingegen waren verschwunden. Ihr kleiner Hund Fusilli bellte in einer Kiste, und Silvia blutete das Herz bei dem Gedanken, ihn so lange im Laderaum des Flugzeugs allein zu lassen, aber sie versuchte, sich mit den vielen Millionen abzulenken, die sie würde ausgeben können, ohne einen Orgasmus vorzutäuschen. In den darauffolgenden Tagen hörte ich das Telefon in ihrer leeren Wohnung klingeln, unaufhörlich. Silvia hatte nicht die Zeit gefunden, ihren Anschluss abzumelden. Benedetto kam vollkommen panisch ins Café Nube, um zu erfahren, was mit seiner Angebeteten geschehen sei. Schließlich entdeckte er den unheilvollen Brief an ihrer Tür. Wir waren ihre abgeblitzten Liebhaber gewohnt, die kamen, um sich auszuheulen, und gepfefferte Rechnungen zahlten, nachdem sie Mauricios Alkoholreserven dezimiert hatten, aber dieses Mal war es anders: Wir kannten die andere Seite der Medaille und waren zugleich fasziniert und verängstigt von den beiden Frauen, die das Schicksal eines Mannes besiegelten zum Wohle ihres eigenen. Nach einer durchzechten Nacht setzte Benedetto nie wieder einen Fuß ins Café Nube, wo er einen Teil seiner Ehre verloren hatte. Rechtsanwalt Pericone, dem Fernanda einen vertraulichen Besuch abgestattet hatte, erklärte Benedetto, er habe keinen Ausweg für ihn gefunden, Benedetto sitze finanziell in der Klemme, und nach reiflicher Überlegung täte es ihm leid, in die falsche Richtung gedacht und Andeutungen gemacht zu haben, obwohl Benedetto mit einem so wunderbaren Wesen wie Fernanda verheiratet sei. Benedetto fand sich mit der Sache ab, am Ende hatte er sogar Schuldgefühle, weil er in Erwägung gezogen hatte, seine Frau, die ihn so sehr liebte, zu verlassen, wo diese Silvia doch zweifellos eine Professionelle war.

Wie Fernanda es angekündigt hatte, sahen wir uns wieder. Einen Monat später trat die schlanke, vornehme Gestalt früh am Morgen durch die Tür des Cafés. Wie die Marmorbüste der Marianna und wie alle echten Neapolitanerinnen war sie zugleich feminin, robust und stark. Erwartungsgemäß steuerte sie geradewegs auf mich zu. »Sind Sie so was wie ein Schriftsteller?«, fragte sie mich, ohne sich mit Höflichkeitsfloskeln aufzuhalten. »Ich verstehe, dass die Geschichte äußerst interessant ist, aber sie gehört nicht erzählt. Zumindest nicht einfach so. Sie müssen die Namen, die Gesichter, die Zeit und die Verhaltensweisen ändern.« Dann zog sie die Handschuhe aus, die sie trotz der Hitze trug, und bestellte zwei Kaffees für uns. Als Dank, oder um mein Schweigen zu erkaufen, lud Fernanda mich am nächsten Tag auf einen Aperitif und anschließend zu einer Vorstellung ins Teatro San Carlo ein. Ich sah mich gezwungen, mir einen

Smoking in einem Geschäft zu leihen, das Mauricio mir empfohlen hatte. Bevor ich losging, machte er ein Foto von mir, und wir lachten lange, denn keiner von uns beiden konnte eine Fliege binden. Wir mussten Doktor Chen hinzuziehen (von dem später noch die Rede sein wird), der alles konnte, selbst die verrücktesten Dinge, und verrückt war es angesichts der Tatsache, dass er ganz offensichtlich weder Smoking noch Fliege besaß. Ich kam auf die Minute pünktlich, Fernanda erwartete mich in einem blassrosa Musselinkleid, das ihren für eine echte Neapolitanerin so ungewöhnlichen milchigen Teint betonte. Sie wirkte traurig und zugleich triumphierend, ihr Blick desillusioniert wie der einer Dame von Welt. Es war meine erste Oper – Fernanda hatte *Fidelio* ausgewählt, die einzige Oper Beethovens und ein unbestrittenes Meisterwerk, in dem eine Frau sich als Gefängniswärter verkleidet, um ihren eingekerkerten Ehemann zu retten –, und mittendrin wandte Fernanda sich mir zu und sagte:

»Wir gehen.«

Sie erklärte mir nicht, wohin, aber ich begriff, dass es von allerhöchster Wichtigkeit war. Vielleicht erschien ihr das Thema der Oper nur als eine farblose Metapher ihres eigenen Lebens? Sie lief flotten Schrittes, und ich traute mich nicht zu fragen, warum wir es so eilig hatten. Als wir wenige Minuten später vor dem Maschio Angioino ankamen, verkündete sie: »Auf geht's!«, als erschlösse sich mir dadurch ihr Verhalten. Sie bedeutete mir, ihr eine Räuberleiter zu machen, und ich folgte ihrer Bitte. Mitten in der Nacht kletterten wir über das Burggitter. Plötzlich wurde die kleine, schroffe Frau von einem leidenschaftlichen Impuls gepackt und ganz behände.

Dann zeigte sie mir das Krokodil, das den Eingang zierte, und meinte, wir müssten unter seinen Bauch schauen. Sie erzählte mir die Geschichte mit der Handtasche, die sie am Arm trug, und sagte, sie wolle sich davon überzeugen, dass sie tatsächlich aus der Haut dieses Krokodils gemacht sei. Wir trugen eine Holzbank unter das ausgestopfte Tier. Ich stellte mich auf die Zehenspitzen und untersuchte seinen Bauch. An der Unterseite des Krokodils entdeckte ich tatsächlich eine ausgebeulte Stelle, ein notdürftig eingenähtes Stück Plastik, das ein Loch abzudecken schien. Fernandas Gesicht hellte sich auf, als habe ihr jemand eine Liebeserklärung gemacht.

Als wir unter dem Vollmond wieder zu Atem kamen, sagte sie zu mir:

»In Wahrheit gibt es immer drei Wahrheiten. Die des einen, die des anderen und die von Gott.«

Wir saßen auf einer kleinen Steinmauer innerhalb der Burg und warteten darauf, dass sich der Vorhang der Nacht und damit auch die Gitter hoben, dann gingen wir in unserer Abendgarderobe unter den belustigten Blicken der ersten Besucher hinaus. Fernanda summte »'A tazza 'e cafè«, ein lustiges Lied des Dichters Giuseppe Capaldo. Es heißt, die in dem Lied besungene Brigida habe es tatsächlich gegeben, sie sei die mürrische Kellnerin in jenem Café gewesen, in dem Capaldo nicht nur Kaffee trank. Er war sehr verliebt in sie und davon überzeugt, sie würde ihm am Ende nachgeben, wenn er sie nur richtig umgarnte. Keiner weiß, wie die Geschichte ausging, aber verliebte Italiener geben niemals auf. Fernanda forderte mich zum Tanzen auf, klaute mir meinen Hut und schaute mich darunter mit einem umwerfenden Lächeln an. In dem Moment begriff ich, dass sie – trotz des gebrochenen Herzens, das sie wie ein stolzes Krokodil unter ihrem Kleid verbarg – unwiderstehlich war.

DOKTOR CHEN
1983

Doktor Chen traf 1981 mit dem Schiff in Neapel ein. Es war sehr heiß, und er hatte sich fest vorgenommen, glücklich zu sein. Er hatte sein Heimatland für immer verlassen, die Menschen, die er liebte, die Sprache, die er sprach, seine Patienten und die einzigartigen Gerüche seines Lebens. Indem er sich an Bord eines Frachters geschlichen hatte, der Badesandalen für Kinder transportierte, in Frankreich auch *méduses* genannt, also Quallen, mit denen man beim Garnelenfischen auf die Klippen klettern oder an Steinstränden baden kann, ohne sich die Füße zu verletzen, war der Doktor seiner Welt entflohen. Während er sich neununddreißig Tage lang zwischen zwei riesigen Kisten versteckte, die jeweils exakt achttausend durchsichtige Gummischuhpaare enthielten, hatte Lian Chen Zeit gehabt, um über die Erscheinung nachzudenken, die er in der Woche vorher am schwarzen Himmel von Sichuan beobachtet hatte, um zweiundzwanzig Minuten vor elf Uhr am 24. Juli 1981. Zehn Millionen Menschen wurden mit ihm zusammen in der Nacht Zeugen eines Lichts, vergleichbar einem riesigen Stern, das begonnen hatte zu schillern und dabei eine Art Kreis aus leuchtenden Wolken gebildet hatte, den alle in der Zeitung am nächsten Morgen als wunderschön und hypnotisierend beschrieben, aber den Doktor Chen als Furcht einflößend bezeichnet hätte. Nach sieben Minuten war das schwebende Wunder wieder verschwunden. Der leere Himmel ängstigte Doktor Chen noch mehr, sodass er augenblicklich seine Koffer packte. Wenn es sich nicht um eine fliegende Untertasse handelte, war es wahrscheinlich ein Zeichen Gottes, auf seinen Instinkt zu hören, der ihm unablässig sagte, er solle fliehen, weit weg. Das hatte nichts mit seinen Eltern zu tun, die darauf beharrten, dass er die Nachbarstochter heirate, er, der bereits dreiundvierzig Jahre alt war und eindeutig bewiesen hatte, dass er sein Leben der Rettung anderer Leben widmen wollte. Er war nicht homosexuell, wie es die Gerüchte vermuten ließen, und auch nicht asexuell, er wollte einfach nur seine Ruhe haben, zu Hause vor sich hin träumen, Tee trinken, die Schuhe auszuziehen, nicht erklären, ob sein Tag gut gewesen war, oder irgendjemand anderem diese Frage stellen. Er verstand nicht, dass die Leute so besessen waren vom Zusammenleben. Wenn er lachen wollte oder Gesellschaft brauchte, lud er seine alten Schulfreunde in eine Bar ein, und am Ende gingen alle betrunken nach Hause, wo auf ihn sein kühles Bett wartete und auf die anderen Vorwürfe und Fragen. Es hatte auch nichts mit der Gleichgültigkeit von Frau Zan nach ihrem Kuss im Juli zu tun und auch nicht mit dem toten Baum vor seinem Fenster, nein. Das Licht am Himmel war der wahre Grund.

Italien war Zufall. Ein Patient von Doktor Chen war für die Frachtregister im Hafen zuständig, ein gewisser Eugène Wang – Sohn einer französischen Forschungsreisenden und eines Kahnfahrers aus Zhouzhuang, fettleibig und Akkordeonspieler –, der mehrmals zur Akupunktur bei ihm gewesen war, zur Vorbeugung von Gicht und geschwollenen Beinen. Er dachte, der Doktor käme, um sein Geld einzufordern, aber als er ihn stattdessen um Hilfe bat, war er erleichtert und sorgte dafür, dass er am folgenden Abend bei Einbruch der Dunkelheit heimlich an Bord eines Schiffs gehen konnte, zur Tilgung seiner Schulden. Neapel war das Ziel eines Frachtschiffs, das zum Auslaufen bereit war. Der Arzt überlegte nicht lange. In Italien gab es Nudeln und wie überall Menschen, die es zu heilen galt. Das genügte Doktor Chen für seine Entscheidung. Er gab niemandem Bescheid, hinterließ keinen Brief und schloss die Tür nicht ab, er ließ sein Leben hinter sich, wie man aus einem fremden Zimmer auszieht.

Er ging Anfang September bei großer Hitze von Bord. Er tauschte einen kleinen Teil seines Geldes um und begriff hinterher, dass er hereingelegt worden war, wahrscheinlich ein Willkommensgeschenk. Mit seinem rudimentären Italienisch gelang es ihm ziemlich schnell, eine Wohnung zu finden. Er gab weder ein bestimmtes Viertel noch eine gewünschte Größe an, er wollte einfach eine Wohnung zur Straße hin, damit seine Patienten dort wie in ein Geschäft eintreten konnten.

Er landete im Centro Storico. Die herrschaftlichen Gebäude, einst Sitz des Adels und des reichen Bürgertums von Neapel, sind in den Fünfzigerjahren nach dem

Erdbeben zugunsten der schicken Vorstädte verlassen worden. Beim Anblick des Viertels könnte man meinen, es seien lauter übereinandergelegte Postkarten, auf denen die verschiedenen Zeitalter aufeinandertreffen und Spuren verwahrloster Schönheit offenbaren. Neapels Zentrum lässt sich wie eine schöne Frau beschreiben, die gealtert ist. Die Stadt ist nach wie vor schön, gerade wegen ihres Alters … Es gibt noch immer Vergolder, Läden mit Spieluhren, Händler, die nur ein einziges Nahrungsmittel anbieten, ohne dass man recht versteht, wie sie ihr Auskommen finden. Es gibt sogar zwei Häuserblocks von mir entfernt einen *acquaiolo*, einen fliegenden Händler, der frisches Zitronenwasser verkauft, aber er bewegt sich kaum von der Stelle, und sein Wasser hat nie die richtige Temperatur.

Doktor Chen brachte sein Schild an der Nummer acht in der Via San Biagio dei Librai an. Wir konnten es von der Bar im Café Nube aus sehen, und es glänzte bis hinauf zu meinem Balkon:

Doktor Chen
Traditionelle Chinesische Medizin

Ein knappes halbes Jahr lang grüßte er uns mit einem Kopfnicken, aber wir wechselten nie ein Wort. Ich war neugierig, mehr als meine Freunde, ich hatte sie sogar ein wenig im Verdacht, rassistisch zu sein. Um sich dagegen zu verwehren, rissen sie ständig Witze über die

Anwesenheit von Doktor Chen in »ihrem« Land und behaupteten, das sei der Beweis: Echte Ausländerfeinde hätten Angst vor Fremden, sie hingegen lachten, machten ganz einfach Scherze und seien nicht bösartig. Mehrmals tauchte der Doktor wie zufällig in meinen Skizzenheften auf. Er war mittelgroß und hatte eine hohe Stirn, die dazu einlud, ihm – wie einem kleinen Jungen – einen Kuss darauf zu drücken. Seine jugendliche Erscheinung stand im Gegensatz zu seiner weisen Aura, die sich auf alles ausdehnte, was er in den Blick nahm. »Wohlwollen« wäre zweifellos das passende Wort, um Lian Chen zu beschreiben. Seine langen Hosenbeine verbargen seine Schuhe, und die Hüftgelenke wirkten statisch, man hätte meinen können, dass er sich auf Rädern fortbewege. Ich schaute ihn an, wie man ein anderes Kind auf dem Pausenhof beobachtet, überzeugt davon, wir könnten Freunde werden.

Etwa einen Monat nach seiner Ankunft begriff der Doktor, dass er Heimweh hatte. Das zeigte sich auf sehr erstaunliche Weise – zunächst in Form von Angst vor der Sonne, die er bis dahin kaum je gesehen hatte, weil er in einer Provinz gelebt hatte, wo sie ständig hinter dichten Wolken verschwand; anschließend dadurch, dass ihm die Gerüche seines Landes und der Klang seiner Sprache fehlten; dann auf eine surrealistische, für Lian Chens Wesensart jedoch vollkommen reale Art: Mitten am Tag, als er bei geschlossenen Fensterläden in Erwartung potenzieller Patienten über seiner Arbeit saß, sah er einen Riesenpanda, der ihn anstarrte. Sein Körper nahm viel Platz im Zimmer ein, er hatte einen intensiven Bärengeruch, und seine Atmung beeindruckte Lian Chen. In seiner Heimatregion Sichuan – »die vier Flüsse« – gibt es ein Schutzgebiet für Pandas. Dieser Panda war natürlich tot und aus dem Jenseits herübergeschwebt, um Doktor Chens Seele zu beruhigen. Ein paar Tage später hörte er vor dem Einschlafen die Stiefel seines Vaters – es war genau das Geräusch seiner Schritte, wenn er spät aus der Militärkaserne heimkam, wohin er manchmal tagelang abkommandiert war. Chen musste seinen kindlichen Impuls zügeln und sich zusammennehmen, um nicht in die Diele zu laufen und sich in die Arme zu stürzen, die gegenwärtig sicherlich vor einem gealterten Oberkörper verschränkt waren, weit entfernt in seinem Heimatland. Manchmal war es der imaginäre Duft nach Kung-Pao-Huhn, der ihn aufschreckte, und er kam in einer olfaktorischen Wüste wieder zu Bewusstsein, angesichts derer ihm die Tränen in die Augen stiegen. Das Zimmer war trostlos, und der Panda schnarchte. Seit seiner Ankunft hatte der Doktor nur wenige Patienten gehabt, und er konnte sich nicht dazu durchringen, die chinesische Community um Hilfe zu bitten. Er hatte das Risiko in Kauf genommen, an einen fremden Ort zu gehen, nun musste er sich dort auch eingewöhnen und einen Weg finden, sein Wissen mit den Eigenheiten der Neapolitaner zu verknüpfen. Es musste schließlich eine Verbindung zwischen ihnen geben, etwas Unverkennbares.

Am 2. Januar 1982 bekam ich hohes Fieber. Mein Kopf wurde von einem stechenden Schmerz in Schach gehalten, und mein Hals fühlte sich an wie von Klingen durchbohrt. Ich schleppte mich aus dem Bett, ging über die Straße und klingelte an der Tür des chinesischen

Arztes, der zweifellos der einzige war, der nicht gerade Urlaub hatte, und bis zu dem mich meine Kräfte trugen. Er machte eine leichte Bewegung mit den Lippen, um mir zu bedeuten, ich möge eintreten, ließ dabei aber nicht erkennen, ob er sich womöglich freute, dass ich mich krank fühlte oder dass er endlich einen Patienten hatte. Ich ging recht vertraut mit Doktor Chen um, er war schon lange Teil meiner Vorstellungswelt, in der wir bereits das eine oder andere Glas in Jazzclubs zusammen getrunken, kantonesischen Reis gegessen und schallend gelacht hatten. Er dagegen blieb ziemlich distanziert und schob meinen Überschwang vermutlich auf mein Fieber. In China lernen die Ärzte, eine Krankheit vorherzusehen, ihr Beruf besteht darin, die Menschen bei guter Gesundheit zu halten; müssen sie jemanden behandeln, bedeutet das, sie haben versagt, und man muss nichts bezahlen. Das erfuhr ich von Doktor Chen selbst, an jenem Tag, an dem es schon eine schwere Prüfung für mich gewesen war, überhaupt in seine Praxis direkt vor meiner Haustür zu gelangen. Während er mir die Grundzüge der chinesischen Medizin erklärte, verfinsterte sich sein sonst unbewegtes Gesicht, und ich glaubte zu erkennen, dass er ein Schluchzen zurückhielt. Er fasste sich wieder, indem er seinen Schnurrbart zwirbelte.

»Haben Sie in letzter Zeit große Freude oder großen Schmerz erfahren?«

»Nein. Ich denke nicht. Kein Arzt hat mir jemals solche Fragen gestellt.«

»Wir haben die Medizin erfunden, indem wir lebendige Menschen beobachtet haben, und Sie, indem sie tote Körper seziert haben.«

»Ah …«, sagte ich, ohne sofort den Zusammenhang

zu verstehen. »Nein, ich glaube nicht. Weder Freude noch Schmerz, meine ich.«

»Wir bestehen nicht aus Einzelteilen, sondern sind ein Ganzes. Alles ist miteinander verbunden: die Seele, der Geist, der ganze Körper, die Organe untereinander. Eine Krankheit bricht aus, um uns zu sagen, dass die Balance nicht mehr gegeben ist. Ihre Halsschmerzen und meine haben nicht dieselbe Ursache, verstehen Sie?«

»Haben Sie auch Halsschmerzen?«

»Seit ich in Italien bin, habe ich meine Balance verloren, Signore Madelin.«

»Kann ich Ihnen dabei helfen, sie wiederherzustellen?«

»Ich bin der Arzt, Signore Madelin.«

»Gewiss.« Ich fügte noch ein »Tut mir leid« hinzu, weil ich sah, dass ihn die Frage wütend gemacht hatte.

»Ist heute der Jahrestag?«

»Wie bitte?«

»Der Jahrestag der Freude oder des Schmerzes?«

Ich zitterte. Es war tatsächlich der Tag, an dem meine Schwester unter so gewaltsamen Umständen ums Leben gekommen war, dass niemand in der Familie je darüber sprach. Wir hatten so getan, als hätte sie nie gelebt. Daher sagte ich ihm nichts, aber ich spürte, dass er es bereits wusste.

»Legen Sie sich hin, ich werde Sie piksen.«

Man stellt sich das Gleichgewicht wie eine Gerade vor, eine stabile Leitung, eine angehaltene, eingefrorene Bewegung, wie einen ruhenden Horizont, doch das ist ein Irrtum, das Gleichgewicht ist niemals statisch, es kämpft unablässig mit zwei gegenläufigen, komplementären und voneinander abhängigen Kräften – Yin und Yang –, wie eine Mutter einen Konflikt zwischen Geschwistern zu besänftigen versucht. So folgt der Tag auf die Nacht, Ausatmen auf Einatmen, Lebhaftigkeit auf Ruhe, beides treibt sich gegenseitig an. Einer rennt dem anderen hinterher, ohne zu wissen, ob der ihn ebenfalls verfolgt in diesem Kreislauf des Lebens; und sobald einer stärker wird, wird der andere schwächer. Auf der einen Seite Yin, die Kräfte, die erloschen und passiv scheinen: Schatten, Kälte, Feuchtigkeit, Tiefe, Stabilität … Auf der anderen Seite Yang, das mit offenem Visier kämpft: Licht, Bewegung, die Oberfläche der Dinge, Hitze, Trockenheit, von der die Erde rissig wird, die aber auch das Wasser anzieht. Alles ist doppeldeutig. Wir sind ein Wald, der ebenso Sonne wie Regen braucht. Yin und Yang bilden ein fatales Liebespaar, würde eins dem anderen fehlen, würde es irgendwann sterben. Sie bilden ein Ganzes und zugleich dessen Umriss, sind die Essenz der Welt ebenso wie all ihre winzigen Einzelteile, so das mathematische Verständnis Gottes im Daoismus. Yang gibt ab, Yin nimmt auf. Sie sind gänzlich verschieden, aber können nicht ohneeinander existieren. Wie in jeder großen Geschichte der Literatur, jedem Lied, jedem Gedicht.

Doktor Chen gab mir an jenem Tag den Schlüssel an die Hand, um die Welt auf eine andere Weise zu begreifen. Er erklärte mir, dass intensive Freude den Körper genauso erschüttern kann wie Leid, dass jedes unausgeglichene Gefühl Entzündungen und Schmerzen auslösen und unser Qi beeinträchtigen kann. Das Leben von Doktor Chen bestand darin, sein inneres Gleichgewicht zu erhalten, um den anderen dabei zu helfen, ihren eigenen Schwerpunkt wiederzufinden. Doch Lian Chen hatte unablässig Rückenprobleme. Seitdem er

China verlassen hatte, spürte er seine Beine nicht mehr, seine Kreuzschmerzen waren so stark und strahlten derart aus, dass sie jedes andere Empfinden außer Kraft setzten. Man konnte natürlich die Reise auf dem feuchten Frachtschiff, wo er mehr als einen Monat lang Tag und Nacht zusammengekauert über einem Italienischlehrbuch gehockt hatte, für diesen Schmerz verantwortlich machen, aber das befriedigte nicht die diagnostische Wissbegierde Doktor Chens und die beinahe detektivischen Ermittlungen, die ihn zum Ausgangspunkt der Schmerzen seiner Patienten brachten und die er dieses Mal in sich selbst führen musste. Man konnte auch irrtümlich glauben, die Entwurzelung wäre die perfekte Schuldige. Indem er sein Land verließ, hatte der Doktor seine Beine gekappt, die ihn in der heimatlichen Erde verwurzelten, und er konnte sie an diesem Ort, der nicht sein eigener war, nicht einfach wieder einpflanzen. Ein westlicher Psychiater hätte dieser Version zugestimmt, ohne mit der Wimper zu zucken. Der Phantompanda hingegen zuckte mit den Schultern, das Problem lag tiefer. Er legte dem Doktor eine Pfote auf die Schulter, um ihn zu trösten, aber das machte ihn nur traurig. Trotz meines Fiebers versuchte ich mehr herauszufinden:

»Von wo kommen Sie, Doktor?«

»Aus Sichuan.«

»Wie der Pfeffer?«

Er fuhr sich mit der Zunge über den Schnurrbart, der Pfeffer fehlte ihm ebenso wie Mapo Doufu. Dem Panda lief der Speichel aus dem Maul. Der Doktor lächelte ihm manchmal zu, ohne dass mir klar war, wen er da anschaute. Ich drehte mich um, aber der Stuhl in der Ecke war für meine Augen leer. Er setzte die erste

Nadel. Nachdem er mich etwa zwanzig Mal gestochen hatte, legte er eine Decke über meine Beine, massierte ein wenig den Punkt unterhalb meines Daumennagels und verließ den Raum. Ich war eingeschlafen, als er eine halbe Stunde später zurückkam. Er gab mir Tees und Gelatinekapseln aus eigener Herstellung. Ich wollte ihn bezahlen, aber er antwortete:

»Sie kommen zurück, wenn es Ihnen wieder gut geht, und ich werde mich darum kümmern, dass es Ihnen nie mehr schlecht geht. Dafür können Sie mich dann bezahlen.«

Er lächelte dem Panda zufrieden zu.

Eine Woche später war ich wieder auf den Beinen und so fit wie seit Langem nicht mehr. Ich genoss gerade meinen Morgenkaffee, als ich Doktor Chen mit einer Einkaufstasche vorbeigehen sah, und ich winkte ihn herein. Er traute sich nicht, aber ich bestand darauf, dass er einen Kaffee mit mir trank. Schüchtern trat er ein, und ich bedankte mich herzlich bei ihm.

»Der berühmte chinesische Arzt! Herzlich willkommen! Sie müssen unbedingt die *cornetti* von meiner Cousine probieren!«, rief Mauricio ganz begeistert.

Doktor Chen setzte sich hinten mit auf meine Bank, wobei er anstandshalber einen Platz zwischen uns frei ließ. Seine Augen schnellten hin und her, als säße er im Theater. Darum beugte ich mich ein wenig hinüber, um ihm etwas zu den Stammgästen zu erzählen, die nach und nach hereinkamen.

»Dieser Typ wird von allen *der Architekt* genannt, aber er hat gar nicht studiert. Sein Cousin Enzo hat ihm lediglich vor zehn Jahren ein gefälschtes Diplom ausgestellt. Sie haben ihm ein Cabrio geschenkt und eine passable Wohnung, damit er die Unterlagen unterschreibt, ohne Fragen zu stellen. Ah, da hupt schon wieder jemand! Er kapiert es einfach nicht, dass er seinen Alfa Romeo nicht gegenüber vom Café Nube parken kann; die Straße ist so schmal, da kommen noch nicht mal Fußgänger vorbei. Stellen Sie sich also vor, dieser Mann würde ein Haus entwerfen!«

Doktor Chen verkniff sich ein Lachen, aber er freute sich riesig, endlich, wenn auch nur von außen, Einblick in eine Welt zu bekommen, die ihm verschlossen schien. Mit einer Kinnbewegung drang er darauf, dass ich weitererzählte, und ich rückte ein bisschen näher, um ihm vertraulichere Details zu verraten.

»*Der Architekt* arbeitet für ein Bauunternehmen, das Arbeiten geltend macht, die niemals stattfinden, und das – wie wir alle wissen, die Behörden eingeschlossen – dazu dient, Geld hauptsächlich aus Drogengeschäften zu waschen.«

»Oh …«, gab der Doktor erstaunt von sich und freute sich über die geheimen Informationen.

»*Der Architekt* denkt trotzdem, einer seiner Entwürfe würde eines Tages umgesetzt, und kritzelt Pläne in ein Notizbuch, die ebenso hässlich wie unrealistisch sind. Bitten Sie ihn irgendwann mal, sie Ihnen zu zeigen! Sie werden nicht enttäuscht sein! Wie gesagt, bevor er sein falsches Diplom in der Tasche hatte, hat er nie auch nur daran gedacht, Häuser zu zeichnen! Aber weil er immer wieder hinausposaunte, er sei Architekt, glaubte er schließlich selbst an diese Lüge. Man muss allerdings dazusagen, dass er ansonsten nichts zu tun hat. Er darf nirgendwo anders arbeiten, und sie geben ihm mehr als genug Geld für seinen Lebensunterhalt, deshalb hat er Zeit, ganz in Ruhe alle Gebäude zu zeichnen, die er will.«

»Dann ist er derjenige, der den Turm zu Babel gezeichnet hat?«, fragte der Doktor, zufrieden über seinen Scherz.

Doktor Chen betrachtete *den Architekten*: seine kurzen Beine und den Schnurrbart. Irgendwann mal hatte ich eine Zeit lang den Eindruck gehabt, die Enden seines Schnurrbarts wären länger als seine Beine. Ich sagte es Doktor Chen, der sich ein Grinsen nicht verkneifen konnte, wobei er mit seinen Fingern die Länge seines eigenen Schnurrbarts prüfte. Jetzt, da ich *den Architekten* hatte beschreiben müssen, sah ich ihn mit anderen Augen. Man hätte sein allgemeines Verhalten als ungezwungen beschreiben können, aber das hätte einen Sinn für Anstand vorausgesetzt, den er nicht besaß. Er hatte etwas Ungezähmtes an sich: Wenn er Hunger hatte, aß er, wenn er Durst hatte, trank er, und hatte er Lust auf Sex, dann rief er seine Cousine Felicia an, die seit seiner Jugend sein krankhaftes Verlangen erwiderte. Ich hatte Jahre gebraucht, um all diese Informationen zu sammeln, die ich nun Doktor Chen präsentierte, und während ich ihm von den Menschen und dem Tratsch im Café erzählte, begriff ich, dass ich Teil dieser Welt war, dass ich kein Fremder mehr war.

»Der mit der Perücke und den säuberlich manikürten Nägeln, das ist Roberto!«

Als hätte ich ihn vor seinem Bühnenauftritt angekündigt, rief Roberto mit lauter Stimme: »Lass mir Kaffee in Hülle und Fülle durchlaufen, Mauricio, ich bin wie ein Schlafwandler auf der Suche nach dem wahren Leben!«

Er hatte eine Stimme wie ein Tenor und schien nur Sätze von sich zu geben, die auch in Büchern hätten stehen können, so auf den Punkt, so logisch und ausgefeilt waren sie. Roberto bewegte sich auf einem Seil, das auf der Grenze zwischen Schönheit und Lächerlichkeit gespannt war. Er war im ganzen Viertel für eine pikante Anekdote bekannt, die ich dem Doktor rasch erzählte: Roberto hatte gehört, dass Errol Flynn sein Geschlecht für eine stärkere Erektion mit Paprikapulver bestreute, und selbstsicher hatte Roberto es mit gemahlenen Chilischoten versucht. Leider hatte er nicht daran gedacht, welche Folgen das für die glückliche Auserwählte, eine bezaubernde Fischverkäuferin vom Mercato della Pignasecca, haben würde. Seither nannte man sie »Feuerlippe«: Die ärztliche Schweigepflicht war nicht gerade die Stärke des Krankenhauses in Neapel. Roberto konnte keinen Kaffee bestellen, ohne dass die Stammgäste ihn fragten, ob er ihn mit Milch, Zucker oder Chili wolle, und in Gelächter ausbrachen. Damit mischte sich nun das von Doktor Chen. Mit fester Stimme spulte Roberto eine seiner Antworten ab: »Schlau ist, wer niemals irrte.«

Oder: »Wohl dem, der Lachen schenkt, auch auf eigene Kosten, und nicht Tränen sät.«

»Ist er Ihr Freund?«, fragte Lian Chen mich.

»Wir haben ihn gern, wir fragen ihn immer nach Tipps fürs Pferderennen. Vor allem, um ihn hinterher anzuschnauzen, wenn er sich getäuscht hat.«

Als Nächstes erzählte ich von Toto, der gerade hereinkam und ein regelmäßiger Gast in Tanzlokalen war. Sein Lachen hörte sich an, wie wenn ein junges Liebespaar von einem Regenschauer im April erwischt wird und beim Rennen kichert, sodass man Glöckchen klingeln hört, wenn es vorbeiläuft. Toto war rundlich, aber ansprechend mit seinem kurzen Schläfenhaar und massenhaft Locken auf dem hoch erhobenen Haupt. Dazu weiße, sehr weiße Zähne. Sonnen- und dreckgebräunte Haut. Die Italiener werden von ihren Müttern so geliebt, dass selbst die hässlichsten noch selbstbewusst sind. Ich sah, dass der Doktor ihn musterte wie ein Friseur, der einen ungekämmten Wuschelkopf betrachtet.

»Er hat Probleme mit der Leber«, sagte er ohne Umschweife.

»Oder mit den Lendenwirbeln? Er arbeitet als Mechaniker und liegt viel auf dem Rücken, unter den Autos, die er repariert.«

Ich begriff, dass er nicht flunkerte, denn er fuhr vollkommen ernst fort:

»Nein, es ist die Leber. Er bewegt sich äußerst geschmeidig mit seinem stämmigen Körper, und aus diesem Widerspruch erwächst eine Anmut, die es bei

Männern nur selten gibt, aber da ist eine Angst, die seine Haut gelb färbt und bis in seinen Rücken ausstrahlt. Er verbirgt ein Geheimnis.«

Fanny kam herein und bestellte einen Limoncello. Sie war eine rothaarige Nervensäge, die immer an allem etwas herumzunörgeln oder eine schlechte Nachricht zu verkünden hatte, sie war eine krankhafte Lügnerin, aufreizend und hysterisch, und erzählte je nach Gelegenheit, dass sie aus Belgien oder den USA käme. Niemand wusste recht, wie sie ihr Geld verdiente. Sie trug stets Rollkragenpullover, selbst bei schönem Wetter, in ziemlich undefinierbaren Farben wie bräunlichem Orange oder violettem Bordeauxrot, nichts an ihr war aufrichtig, noch nicht einmal die Farbe ihrer Wangen.

»Der, der dahinten raucht, das ist Francesco, der Frauenheld. Er verführt hübsche Damen, die es auf das Geld der Familie abgesehen haben, das er längst ausgegeben hat. Er ist Produzent in der Cinecittà und sagt, er sei nur auf der Durchreise in Neapel, aber er ist täglich hier. Jeden Abend bringt er junge Frauen mit und erzählt stundenlang Anekdoten von den Dreharbeiten zu seinen Filmen, von denen er genauso wenige vorzuweisen hat wie Haare auf dem Kopf: nämlich ganze drei.«

»Und der an der Bar mit seiner Gefolgschaft, die immer lacht, wenn irgendwer hereinkommt? Wer ist das?«

»Das ist Nino.«

Nach Ninos Theorie war bereits alles gesagt, aufgeschrieben oder erlebt worden. Um das Leben und die Welt um uns herum zu verstehen, musste man sich nur in die Geschichte vertiefen. In seiner Familie gab es eine lange Tradition der Commedia dell'Arte, die der antiken Theatergeschichtsschreibung zufolge auf die Atellanen zurückgeht, jene improvisierten Szenen, die die Bauern bei allen Festen in Atella zum Besten gaben, einer Stadt in Kampanien zwischen dem damals griechischen Neapel und dem etruskischen Capua. Zwischen dem vierten und dem neunten Jahrhundert wurde immer und immer wieder erfolgreich mit nur vier Hauptfiguren gespielt, die die gesamte Menschheit verkörpern sollten: Maccus, ein gieriger Idiot, Pappus, ein alter lüsterner Dummkopf, Dossenus, ein sehr raffinierter Buckliger, und Bucco, ein pausbäckiger Tölpel. Es sind nur noch wenige Texte aus dieser Zeit erhalten, weil die Mönche, die sie kopierten, die einfache Sprache nicht wiedergeben konnten, mit der das Volk zum Lachen gebracht werden sollte, aber die Namen der Helden waren Nino und seinen Ahnen überliefert worden. Und so wurde jeder, der das Café betrat, sofort in eine menschliche Kategorie eingeordnet: Maccus, Pappus, Dossenus oder Bucco. Und Ninos Gefolgschaft begrüßte das. Vier Arten von Menschen, daneben gab es nichts. Ich habe mich immer gefragt, in welche Kategorie sie mich wohl eingeordnet hatten und wer ich tatsächlich war. Bei den Frauen war es anders. Die Art und Weise, wie Nino das weibliche Geschlecht betrachtete, konnte schon beinahe poetisch genannt werden. Gerade starrte er die junge Chiara und ihre Großmutter Agrippina an, die sich, kaum dass sie den Raum betreten hatten, sofort auf seine verrückten Geschichten einließen. Dann kamen Signore Mariano, der Teppichhändler, und der kleine Livio, der selbst im Sommer heiße Schokolade trank. Ich erzählte dem Doktor kurz das Wichtigste zu den beiden, er staunte und beobachtete alle neugierig. Er betrachtete die Leute aufrichtig und interessiert.

Dann kam Marcello herein. Ich wollte gerade einen charakteristischen Witz über ihn erzählen, als Chen plötzlich aufstand und direkt auf ihn zuging. Ohne sich vorzustellen, fragte er ihn geradeheraus, warum er humpele. Marcello, dessen Überraschung schnell in Ärger umschlug, war drauf und dran, handgreiflich zu werden, als Mauricio ihn aufklärte: »Marcello, er ist Arzt!« Und um Frieden zu stiften, fügte er noch hinzu: »Er ist ein großartiger Doktor«, woraufhin Chen die Brust herausstreckte.

Also berichtete Marcello vom Erdbeben in Irpinia und von seinem Bein, das mehrere Stunden unter einer Mauer seines Hauses eingeklemmt gewesen war. Lian Chen erzählte ihm, dass auch er in China ein Erdbeben erlebt hatte, mit mehr als sechzigtausend Toten.

Daraufhin vertraute Marcello ihm. »Alles hat gewackelt, alles wurde zerstört, aber mein Haus ist nicht komplett eingestürzt.«

Er fühlte sich deshalb noch immer schuldig. Doktor Chen kniete sich hin und berührte Marcellos Bein, er bat ihn, es auszustrecken, dann zwirbelte er seinen Bart und schlug ihm vor, seinen Knöchel innerhalb von ein paar Sitzungen zu heilen.

»Die Angst ist im Bein stecken geblieben, nicht der Schmerz.«

In der Tat konnte Marcello ein paar Akupunktursitzungen später unter dem beifälligen Blick des Pandas wieder

Luftsprünge machen. In der darauffolgenden Woche standen die Leute Schlange vor dem Haus von Doktor Chen. Das war gut für Mauricios Geschäft, weshalb er stets die Verdienste des Doktors anpries, der zu einer wichtigen Persönlichkeit im Viertel wurde. Allerdings hatte Chen Mühe damit, den Menschen begreiflich zu machen, dass sie in guter gesundheitlicher Verfassung zu ihm kommen mussten. Wie konnte er nur diese zutiefst chinesische Philosophie mit dem neapolitanischen Geist in Einklang bringen?

Nach und nach fand der Doktor sich zurecht. Er gewann Patienten, die zu treuen Kunden wurden, begann *spaghetti alle vongole* und Weißwein zu mögen, lernte, wie wohl eine neapolitanische Siesta tat, aber nichts konnte seine Rückenschmerzen lindern. Der Panda als ein Einzelgänger war betrübt darüber, auch er wollte seine Freiheit zurück, aber irgendetwas schien ihn im Herzen von Doktor Chen gefangen zu halten. Der wohlgenährte Bär hatte sich auf einem Hocker niedergelassen, melancholisch saß er dort zusammengekauert in einer Ecke der Praxis; wenn er in seinem eigenen weichen Fell Trost fand, sang er gern eines der Lieblingslieder von Doktor Chen, *Yue Liang dai biao wo de xin*: »Der Mond sagt, was mein Herz fühlt«, eine romantische Ballade. Man hätte tatsächlich denken können, dass das, was Doktor Chen vermisste, die Liebe war, aber er hatte ihr Fehlen seit Jahren mit Schlauheit und innerem Gleichgewicht so ausgeglichen, dass sein Gehirn und sein Körper das Problem nicht wahrnahmen. Er war durchaus glücklicher als Menschen, die leidenschaftliche Liebesgeschichten erlebten.

Zwei Jahre nach Doktor Chens Ankunft wohnte der Phantompanda noch immer bei ihm, und seine Rückenschmerzen ließen Chen nicht los. An Tagen, an denen das Meer ruhig war, nahm ich ihn mit zum Angeln, und wir saßen beide geduldig da und machten einen guten Fang. Manchmal schnitt er den Fisch zurecht, und wir aßen ihn roh nach japanischer Art, oder er würzte ihn nach einem chinesischen Rezept, manchmal kochte ich eine Bouillabaisse oder bereitete *spaghetti alla puttanesca* nach Mauricios Art zu. Wir liebten es, die Welt beim Kochen einzufangen und darüber zu reden. Eines Tages machten der Doktor und ich uns auf den Weg, um die Ruinen von Pompeji zu erkunden. Keiner der Neapolitaner, mit denen wir zu tun hatten, war je dort gewesen, und sie lachten über unsere Neugier. Vor einem Fresko, das einen Arzt darstellte, der Aeneas heilt, geriet der Doktor in Begeisterung. Er war stolz, als hätte er ein Familienfoto wiedergefunden. Und den ganzen Nachmittag über hämmerte er mit Sätzen auf mich ein, die immer anfingen mit »Wir Ärzte ...«.

Wenn wir zusammen am Tisch saßen, nannten die Stammgäste im Café uns gern »die Touristen«. Ich glaube, das kränkte meinen Freund Lian Chen, denn er machte danach keinerlei Anstalten, unseren geplanten Schiffsausflug zur Grotta Azzurra in die Tat umzusetzen: zur Blauen Grotte im Norden von Capri. Das Sonnenlicht, das durch den winzigen Eingang der Grotte hereinfällt, bricht sich so, dass es das Wasser blau erscheinen und die Wände in einem übernatürlichen Glanz erstrahlen lässt. So habe ich es zumindest gelesen und gehört, aber ohne ihn werde ich nicht hinfahren. Er schob es auf seine Rückenschmerzen, dass er das Schiff nicht nehmen könne, aber ich wusste, dass das Problem woanders lag. Eines Abends, als wir viel Reiswein getrunken hatten, erzählte er mir vom Panda, und ich sah ihn. Es dauerte nur einen Augenblick, aber ich wusste, dass er nicht log. Ich begriff damals etwas, zu dem ich vorher keinen Zugang gehabt hatte.

Eines Morgens, als wir am Tresen standen, beide auf dem Sprung, ich mit meinem Heft in der Hand, um die Touristen am Hafen bei der Abfahrt nach Capri zu zeichnen, und er, um über die Straße zu gehen und seinen Arbeitstag zu beginnen, ließ ich ihn sein Geld wieder wegstecken und lud ihn ein. Ich verlangte per Handzeichen die Rechnung für drei Kaffees, und er wunderte sich über meine Geste.

»Danke, aber warum bezahlen Sie drei Kaffees, wenn wir doch nur zwei getrunken haben? Der Panda ist in der Praxis geblieben.«

Ich erklärte Doktor Chen also das Prinzip des *caffè sospeso*. Etliche Male wiederholte er »*caffè sospeso*«. Dann streckten seine Mundwinkel sich in aller Ruhe aus wie eine schöne Frau am Strand. Ganz langsam stieg Freude in ihm auf.

»Also haben Sie die chinesische Medizin verstanden! Wir handeln vorausschauend, genau wie Sie. Die Krankheit ist unsichtbar, aber man weiß, dass sie da ist, und man stellt die Balance wieder her. Leuchtet Ihnen das jetzt ein?«

Ich nickte zustimmend.

Ich sah nicht, wem der Doktor zulächelte, aber ich stellte mir vor, dass der Phantompanda erschienen war, um ihm auf Wiedersehen zu sagen. Endlich hatte er eine Verbindung zwischen seinem alten und dem neuen Land gefunden und konnte sich zu Hause fühlen. Am nächsten Tag stand auf dem Namensschild von Doktor Chen an seiner Praxis: »Doktor sospeso«. Er hatte nie wieder Rückenschmerzen.

DIE HAND GOTTES
1984

In der Hitze, die 1984 Anfang Juli herrscht, schart sich die Menge zusammen, um die Ankunft dessen zu feiern, den sie anhimmelt und den sie zur Gottheit erheben wird. In dieser von Armut und Unsicherheit geprägten Stadt hat gerade eines der vielversprechendsten Talente der Welt einen Vertrag beim SSC Neapel unterzeichnet. Maradona ist vierundzwanzig Jahre alt und besitzt eine außergewöhnliche natürliche Schönheit. Mehr als siebzigtausend strömen auf das Stadion zu, um aus der Ferne den kleinen Mann mit dem Ball jonglieren zu sehen und ein paar Worte sagen zu hören. Ohne dass sie es wissen, sind die Menschen im Freudentaumel, die Maradona feiern, gerade dabei, das Leben eines anderen Mannes zu retten, ebenfalls aus schlechtem Hause, aber mit gewöhnlicherem Schicksal: Ferdi.

Mitten im dichten, bunten Gedränge, aufgesogen vom Strom der zahnlos lachenden Neapolitaner in Sonntagskluft, die zu dritt auf Mofas oder zu Fuß unterwegs sind, um ihrem Champion die Ehre zu erweisen, gewinnt Ferdinando seinen Verfolgern gegenüber einen Vorsprung, trotz der Hitze und seiner schweren

Tasche. In der italienischen Sprache verwendet man nur selten das Futur. Die Dinge, die später passieren werden, stehen schon fest, man äußert sie im Präsens. Die Ausdrucksmöglichkeiten der Italiener verdeutlichen bestens ihre Veranlagung; sie verwenden eine Vergangenheitsform, die sich in einer sehnsuchtsvollen Syntax äußert, ein Konditional, das von schönen Versprechungen nur so strotzt, und ein Präsens, das, obwohl gegenwärtig, hypothetisch und in der Schwebe bleibt. Ferdinando spricht nur seine Muttersprache, Neapolitanisch, das die Unmittelbarkeit und die Liebe zum Leben noch mehr betont als das Italienische, und da man ihm verboten hat, über die vergangenen Tage zu sprechen, existiert nur das Heute. Ferdinandos Leben passiert jetzt, jetzt, jetzt.

Und Ferdi, wie ihn seine Freunde nennen, rennt jetzt, so schnell er kann, um nicht zu sterben. Er ist schweißgebadet, sein Fahrrad hat einen Platten, und er hat es schon vor zwanzig Minuten in eine Gasse geworfen. Seine Schuhe sind durchlöchert, sein linker Fuß tut ihm weh, aber er hört sein Herz gegen seine Leinentasche schlagen, die er wie ein Kind trägt und nicht loslassen wird, noch nicht einmal, wenn sie ihn mit Kugeln durchlöchern. Sie waren zu zehnt hinter ihm her, aber er sieht nur noch drei, und zwar ziemlich weit weg. Als er in Sanità ankommt, dem Viertel der Toten, glaubt er sich gerettet. Er kennt es in- und auswendig. Sein Vater Giuseppe, den alle Beppe nannten, war Führer durch die Katakomben. Er erinnert sich an jene Worte, die ihn einst mit einer wohligen kindlichen Angst einlullten und die plötzlich wie ein Totengeläut klingen: »Du gehst auf keinen Fall in eine unergründliche Höhle, aus der du vermutlich nie wieder herauskommst, außer an der Hand deines Papas, die du niemals loslässt.« Doch nun hat er dieses Versprechen gebrochen, er hat den Befehlen seines Vaters nicht gehorcht, er hat aufgehört, zur Schule zu gehen, zu lesen, an die Möglichkeit eines anständigen Lebens zu glauben, und stattdessen auf ein sinnloses Leben und schnelles Vergnügen gesetzt. Das Gefängnis der Gegenwart hat ihm die Augen verschlossen, anfangs für ein paar Geldscheine, dann für ein paar mehr, und jetzt findet er sich am Eingang zum Hades wieder. Die Abenteuer von Telemach sind Ferdi nicht geläufig, und er weiß nicht, dass dieser, als er seinen Vater dort suchte, heil wieder herauskam. Er denkt an das Gesicht seines Papas, daran, was er tun wird, um ihm Ehre zu erweisen, sollte es ihm gelingen, mit der Tasche voller Schmuck zu fliehen, daran, dass er wieder lernen wird, und diese Gedanken lassen ihn schneller laufen, und gleichzeitig wird er langsamer, denn er schmiedet Pläne, endlich tritt die Zukunft in sein Leben.

Lucie ist nicht mit der Gegenwart verbunden. Ihr Körper sehr wohl, aber ihr Kopf denkt nur darüber nach, was ihr irgendwann passieren könnte. Und genau darum passiert vermutlich nie etwas in Lucies Privatleben, das bevölkert ist von Fantasiegestalten. Meistens arbeitet Lucie. Sie gehört nicht zu denen, die ans Glück glauben. Sie stellt sich gern vor, dass sie irgendwann bekommt, was ihr zusteht. Sie glaubt nicht mehr daran, für ihr moralisches Verhalten belohnt zu werden, und begreift sogar, dass es eine Bremse sein könnte, aber sie kann sich nicht dazu entschließen, das aufrechte Kind zu verraten, das ihre Mutter großgezogen hat. Dieses Kind ist noch immer sehr präsent im Körper der erwachsenen

Frau, die nicht besonders groß geworden ist und deren Brüste noch nicht einmal eine Männerhand ausfüllen würden.

Wenn sie am frühen Nachmittag von ihrer schweren Arbeit heimkommt, setzt sie sich in den Schatten im Garten des aufgeheizten Hauses. Die Pflanzen liegen häufig schlaff am Boden und richten sich erst später auf, wenn es nachts ein wenig kühler wird. Der kleine Springbrunnen macht ein beruhigendes, tiefes Geräusch aus plätschernden Spritzern am Rand und schwer fließendem Wasser in der Mitte, eine besänftigende, einschläfernde Melodie. Dann fantasiert Lucie, denkt an ihre Kindheit, an die Katze des Nachbarn, betrachtet ihre Füße, bis sie ihr fremd vorkommen, und sackt im Halbschlaf in der Mulde des Korbstuhls zusammen. Basilikumduft erfüllt die Luft, und in ihrem Mund breitet sich wieder der Geschmack des Pestos ihrer Großtante aus. Trotzdem bekommt sie keinen Hunger. Sie ist dünn wie eine Bohnenstange und vergisst häufig, etwas zu essen. In einem früheren Leben muss sie wohl ein Baum gewesen sein, eine Pappel mit langen Haaren, die im Wind wehten, in deren Stamm verliebte Paare ihre Namen ritzten, ohne zu bemerken, dass sie das verletzte, so wie Paula sie verletzt hat, indem sie Mario geheiratet hat. Sie denkt an ihn zurück, an die längst vergangene Zeit der unausgesprochenen Liebe. Manchmal merkt sie nicht gleich, dass es schon dunkel geworden ist. Sie hat den Tag einfach so verbracht, gedankenverloren. In Lucies Trägheit verbirgt sich eine romantische Ader. Wenn das Wetter grau ist, küsst sie gern die Statuen auf den Mund. Wenn der Himmel blau ist, hält sie Siesta mit einer herumstreunenden Katze, nachdem ihr Atem sich auf deren Schnurren eingestimmt hat, dann schlafen beide denselben Schlaf. Mit ihren grünen, zusammengekniffenen Augen ähnelt Lucie einer Raubkatze, doch sie träumt nicht von Mäusen, sondern von der Liebe. Lucie hat noch nie einen Mann geküsst, denn keiner hat es je probiert; nicht, dass sie hässlich wäre, im Gegenteil, sie ist eine unauffällige, aber reine Schönheit, ohne Sinnlichkeit vielleicht, ein wenig kindlich, als kenne sie noch kein Begehren, sie scheint in einem Konservenglas zu leben, das sie vom wahren Leben trennt. Sie liebt es, die Wolken im Wasser zu beobachten, ihre Spiegelung in einer Pfütze, einem Fluss oder im Meer. Ihr nasses Bild erscheint ihr faszinierender als ihre Gegenwart am Himmel. Sie verbeißt sich ihr Lächeln, wenn sie ergriffen ist. Lucies Lippen haben stellenweise ihre Pigmentierung verloren, als würde ihr Mund aus Mangel an Küssen verblassen. Sie beißt sich auf die Lippen, um sie zu verstecken.

Lucie geht sehr früh zur Arbeit. Die Casa di riposo Santa Marinella liegt in der Via Pietro Castellino im Stadtteil Rione Alto. Auf dem Hinweg muss sie eine halbe Stunde mit dem Rad fahren und dabei am Ende einen steilen Hügel erklimmen. Um durchzuhalten, denkt sie an die Rückfahrt am frühen Nachmittag, wenn ihr Fahrrad mühelos dahinsausen und der Wind in ihren Locken spielen wird. Sie schließt ihr Rad unter den Fenstern von Signore Roberto an, der noch schläft. Lucie hat den Schlüssel für die große rote Tür, nimmt aber den kleinen Hintereingang, um keinen Lärm zu machen, dann geht sie durch den dunklen Aufenthaltsraum in die Küche, wo sie das Frühstück für alle Bewohnerinnen und Bewohner des

Altersheims vorbereitet. Sie weiß, was jeder mag, und versucht, den Tellern eine persönliche Note zu geben. Eine Blume, ein Gedicht, die Zeichnung eines Enkels, Post unter dem Brotkorb. Manchmal kommt Lucie morgens eine Stunde früher, um ihnen *sfogliatelle ricce* zu backen, geripptes Blätterteiggebäck, nach dem Rezept, das ihr ihre Mutter beigebracht hat, oder *sfogliatelle frolle* mit Ricottafüllung, die aussehen wie Miniaturtörtchen. Sie kümmert sich um die Alten, als wären sie ihre Kinder. Obwohl sie noch so jung ist und wahrscheinlich, weil sie selbst Waise ist, kann Lucie es kaum erwarten, eine Familie zu gründen. Wenn das Frühstück bereitsteht, geht sie einen nach dem anderen wecken, sie hilft ihnen und gibt ihnen ihre Medikamente. Manche schnarchen noch, wenn sie ins Zimmer kommt, aber die meisten warten schon auf sie, aufgeregt wie Knirpse, die in alten Körpern feststecken. Das Waschen vor dem Essen ist etwas, das Lucie gelernt hat zu tun, ohne ganz bei der Sache zu sein, ein Teil von ihr driftet weg. In den ersten Jahren hat sie sich von den Gerüchen, dem schlaffen Fleisch, der rissigen Haut, den Warzen und dem Speichel in den Mundwinkeln einfangen lassen und hatte ständig einen Brechreiz. Seither hat sie sich angewöhnt, nicht mehr an ihre eigene Körperhülle zu denken und zu reden, damit ihre Gesten untergeordnete Reflexe werden und nicht im Mittelpunkt stehen. Die Bewohnerinnen und Bewohner sind neugierig, wollen alles über die junge Frau wissen und warten allesamt darauf, dass Lucie sich verliebt, damit sie durch sie Leidenschaft erleben können. Täglich fragen sie sie: »Und?« »Der Bäcker am Ende der Straße, gefällt der Ihnen nicht?« Lucie traut sich nicht, ihnen zu antworten, dass niemand sie je anschaut. Die

Liebe bleibt aus, die Jahre gehen dahin, ohne dass Lucie auch nur neue Freunde finden würde, als glitte das Schicksal über ihr Leben hinweg, ohne davon Besitz zu ergreifen. Sie antwortet nur ganz leise, nein, es passiere nichts, sie habe keinen Geliebten. Toto, dem ältesten Bewohner mit dem Schildkrötengesicht und der Stimme eines Weisen zufolge ist genau das das Zeichen dafür, dass ihr etwas »Überwääääältigendes« widerfahren wird, er lässt das Ä minutenlang nachhallen, wie einen Trommelwirbel: »Überwääääältigend, Lucie, das wird eine große Liebe.« Und alle Frauen lachen und erröten bei der Erinnerung an die überwältigenden Dinge in ihrem eigenen Leben.

»Verstehst du, Lucie? Man muss sich Zeit lassen. Du denkst, dass alles, was du erlebst, umsonst ist, weil du allein bist, aber das Gegenteil ist der Fall, du bereitest dich auf die Liebe vor, und wenn sie kommt, dann wird sie überwääääältigend sein und sehr stark. Schau dir den Fluss an, den Volturno, und den Weg, den er zurücklegt. Er entspringt in der Region Molise, er umrundet das Matese-Massiv und bewässert die Ebene von Capua, bevor er sich ins Tyrrhenische Meer stürzt, genau hier, schau mal im Norden von Neapel aus dem Fenster. Ich bin auf der anderen Seite geboren worden, Lucie, ich bin im Süden von Süditalien auf die Welt gekommen. Ein echter Neapolitaner! Und wer würde die Liebe besser kennen als ein echter Neapolitaner? Fahr los mit deinem Fahrrad und schau dir an, wie der Fluss ins Meer mündet, nachdem er so lange darauf gewartet hat. Und hinterher kommt die Liebe.«

Manchmal hört sie auf Toto und fährt los, um sich anzusehen, wie sich das Wasser mischt wie ein gutes Omen. Heute geht sie vom Altersheim aus zur Beichte. Sie bekennt ihre Wut auf Gott, der ihr nicht den Mann schickt, auf den sie wartet. Der Pfarrer fragt sie, ob sie bereit sei für die Liebe:

»Es gibt keine größere Liebe, als sein Leben denen zu opfern, die man liebt, Lucie.«

»Ja, und darüber bin ich glücklich, aber mir fehlt die Liebe bei mir zu Hause. Das ist erstaunlich, sie fehlt mir, obwohl ich gar nicht weiß, was Liebe ist, obwohl ich sie doch gar nicht kenne. Trotzdem macht sie mir Bauchschmerzen wie Liebeskummer.«

»Und wenn die Liebe direkt vor dir stehen würde, Lucie, würdest du sie dann annehmen? Ohne zu zittern, ohne zu zögern, ohne den anderen ändern zu wollen oder ihn in das Bild hineinzupressen, das du dir von ihm machst? Wärst du bereit, die Liebe anzunehmen und nicht die Vorstellung davon?«

»Ja. Ich bin bereit.«

»Dann geh und zünde eine Kerze an und sag es Gott. Ich habe vor einem Monat um eine gute Fußballmannschaft gebeten, und heute kommt Maradona … Es existiert kein Zufall, Lucie. Gott gibt denen, die ihn lieben, aber vergiss nicht, die Liebe ist geduldig.«

Lucie äußert ihre Bitte deutlich, furchtlos und mit lauter Stimme, und sie verlässt die Kirche selbstbewusst. Sie ist mit einer Freundin aus der Kindheit verabredet, die ihr ihr Neugeborenes zeigen will. Gerade hat sie dem Pfarrer ihre Eifersucht gestanden, und es ist, als hätte sie sich davon befreit. Lucie ist zu früh dran, sie betritt das Café Nube, und mein Blick kreuzt ihr verblasstes Lächeln. »Ich bin bereit«, murmelt sie, um sich selbst Mut zu machen, die Liebe anzunehmen, falls sie in der Nähe ist.

Ferdis Fuß blutet. Er ist vor einer halben Stunde aus den Katakomben herausgekommen, aber er kann nicht mehr weiter, selbst der drohende Tod treibt ihn nicht mehr voran. Er erreicht die Altstadt und stürzt sich wie in einer letzten Aufwallung in die Via San Biagio dei Librai. Er muss sich unter einem Portal, in einer Kirche oder einem Restaurant verstecken, ansonsten ist er verloren.

Der Kaffee dampft noch, er hat diese wunderschöne Karamellfarbe und ist cremig, Lucie will ihn gerade trinken, als sie Ferdis Stimme vernimmt und den Kopf hebt. »Gibt es einen *caffè sospeso* an der Tafel?« Da hört Lucie ihre eigene Stimme mit »Ja« antworten, so wie am Altar, sie legt einen Schein auf den Tresen, um den Kaffee sofort zu bezahlen, und Ferdi kommt auf sie zu. Der Schweiß trieft ihm herunter, er setzt sich auf den Barhocker, genau neben sie. Es ist der einzige freie Platz, das Café ist voll besetzt. Mauricio hat einen kleinen Farbfernseher angeschlossen, und alle warten darauf, dass Maradona das Stadion betritt. Niemand achtet auf irgendetwas anderes, alle lauern auf das Erscheinen des Retters. Ferdi sieht Lucie an, er hat noch nie solche Augen gesehen. Er, der nichts Sanftes kennt, fühlt sich angezogen, beinahe beruhigt von Lucies ganzer Ausstrahlung. Zitternd hält er seine Tasche fest und starrt sie an, wie man die Jungfrau in einer Kirche ansieht, auf Knien, hilflos, dem Tod geweiht. Hinter ihm, hinter der Tür, auf der Straße vor dem Café Nube, sieht Lucie die Männer der Camorra, die ihn im gegenüberliegenden Haus suchen, die hin und her laufen, die gleich hereinkommen werden. Sie versteht.

Sie entscheidet sich für ihn.

Ferdi sieht aus wie jemand, der bereit ist zu verzichten. Ein zärtliches, ihr unbegreifliches Gefühl drängt sie dazu, sich um diesen Menschen zu kümmern, als würde das Leben ihn ihr anvertrauen, als hätte er etwas mit ihrer Bitte an Gott zu tun. »Wärst du bereit, die Liebe anzunehmen?« Sie greift nach Ferdis schwerer Tasche, und er leistet keinen Widerstand, sie steckt sie sich unter ihr Kleid, man könnte denken, sie wäre im sechsten Monat schwanger, und das steht ihr gut. Sie greift nach ihrem Hut, der auf der Bar liegt, setzt ihn Ferdi auf den Kopf, und als die Männer in Schwarz hereingekommen und fragen: »Ist hier irgendwo ein Typ mit einer braunen Tasche? Ein Typ, der blutet?«, da küsst Ferdi Lucie, um sein Gesicht in ihrem zu verbergen, und ich antworte:

»Er war hier, und wir haben ihn rausgeworfen, na los, regelt euren Blödsinn woanders!«

Im selben Augenblick tritt Maradona auf den Rasen, und ein Geschrei erfüllt die ganze Stadt. Die Verfolger nehmen sich nicht die Zeit zu widersprechen, Ferdi ist ihnen entwischt, sie stürzen zurück auf die Straße, suchen weiter, und Lucies erster Kuss dauert noch immer an. Ich unterbreche den bewegenden Moment, sie müssen nach oben, um sich zu verstecken, vielleicht kommen die Männer wieder. Ich tausche einen wissenden Blick mit Mauricio und schleuse sie über den Hinterhof, wo eine weitere Treppe zu meiner Wohnung führt. Lucies Freundin trifft die wütenden Männer auf der Straße, sie spürt eine Anspannung, das Café ist gerappelt voll, sie traut sich nicht hinein mit ihrem Baby und dreht um. Lucie hat ihre Verabredung vergessen, sie geht die Treppe hinauf, ihre Hand in der von Ferdinando, von dem sie nicht weiß, wie er heißt, aber wie seine Lippen schmecken.

Wir sitzen im Schneidersitz auf dem Wohnzimmerboden, wir schalten das Licht nicht an, machen kein Geräusch. Wir warten stillschweigend ab, dass die Gefahr sich entfernt, wir schauen uns an. Lucie würde Ferdinando am liebsten weiter küssen, sie befeuchtet ein Taschentuch mit frischem Wasser und versucht, seine Wunden zu versorgen. Sie taxieren sich wie zwei Tiere, beobachten sich, gefallen einander.

Allmählich wird es dunkel, ich öffne das Fenster, ohne die Fensterläden einzuklappen. Durch einen Spalt erblicke ich Doktor Chen, der leise singt. Die Straße wirkt friedlich.

»Ich muss los, um diese Zeit zeichne ich immer meine Karikaturen auf dem Platz. Es ist Brot da und ein bisschen Aufschnitt im Kühlschrank. Besser, ihr geht vorerst nicht raus.«

»Ich habe eine Tante in Marseille. Wir können bei ihr unterkommen.«

Das »wir« hat ganz selbstverständlich Einzug ins Gespräch gehalten. Ferdi denkt, dass sie sein guter Stern ist, dass er sie nie verlassen darf, um nicht zu sterben. Sie liebt diesen jungen Mann, den Gott geschickt hat, mit allem, was sie ist. Er nimmt ihre Hand.

»Ich weiß nicht, wie ich euch beiden danken soll.«

»Ihr müsst fort. Morgen. Unverzüglich. Auf ein Schiff und fliehen. Ich bin nicht von hier, aber ich weiß, wann es gefährlich ist. Ich will nicht wissen, ob Sie ein guter oder schlechter Mensch sind, denn Lucie hat sich für Sie entschieden. Ich verlange lediglich, dass Sie für sie sorgen.« Und als er mich gerade fragen will, komme ich ihm mit meiner Antwort zuvor: »Nein, ich bin nicht ihr Bruder, aber ich beobachte Menschen, und ich weiß, dass sie ein gutes Herz hat. Machen Sie es nicht kaputt. Jemand hat meins gebrochen, und das heilt nicht wieder.«

Ich nehme meine Utensilien und gehe nach draußen.

Sie schauten sich eine Weile schweigend an. Lucie war so schön wie nie. Er setzte an zum Sprechen.

»Ich muss dir mein Leben erzählen, um zu wissen, ob du es an deines binden willst. Ich will versuchen, dir zu sagen, wer ich bin, mit meinen hässlichen und schönen Seiten.«

»Ich bin bereit«, antwortete sie, aber er konnte nicht wissen, dass dieser Satz an Gott gerichtet war.

»Ich versuche, dir alles in einem Zug zu erzählen, sonst verlässt mich der Mut … Ich wurde in Rom geboren. So beginnt man doch eine Geschichte, oder? Meine Mutter war Neapolitanerin, aber als sie meinen Vater traf, ließ sie alles zurück und folgte ihm. Meine Mutter war schön, sehr schön. Mein Vater stammte aus einer reichen Familie, deren Stahlfabrik im Jahr meiner Geburt pleiteging.

Mein Großvater nahm sich aus Scham das Leben, sein Stolz und sein Vermögen, das war alles gewesen für ihn. Meine Mutter schlug vor, nach Neapel zu ziehen, bis die Dinge wieder besser liefen. Aber nichts hat sich verbessert, mein Vater war nicht zum Geldverdienen gemacht, er war kultiviert und anständig, er hatte Ehrgefühl, aber er war das Kind reicher Leute und darauf gepolt, so weiterzuleben wie seine Familie, er war an frisch bezogene Betten gewöhnt und daran, dass das Frühstück schon bereit war, bevor er aufstand. Er wurde Stadtführer, das war der einzige Beruf, den er in Neapel fand, und er blieb dabei. Wir waren nicht steinreich, aber meine Eltern liebten sich. Ich glaube, sie hätten gern noch ein zweites Kind gehabt, am Tisch war mir gegenüber noch ein freier Platz, den wir mit Schweigen füllten.

Das ist ziemlich lange her ... Jetzt bin ich vierundzwanzig Jahre alt, mein Vater ist vor mehr als zehn Jahren gestorben und meine Mutter letzten Monat.«

Lucie, die nicht wagte, ihn zu unterbrechen, signalisierte ihm mit einem Blick ihr Mitgefühl.

»Du ahnst nicht, in was für Sachen ich inzwischen verwickelt bin, Sachen, die nicht seriös sind ... nicht anständig ... Sachen in Verbindung mit der ... Unschöne Sachen.«

Camorra war das Wort, das er nicht auszusprechen vermochte. Später wurde der Begriff berühmt, verharmlost, kam durch Fernsehserien in Mode, aber in jenen Jahren war er noch ebenso verteufelt, wie der Name Gottes heilig war. Es gibt Wörter, die haben eine Resonanz, wenn man sie ausspricht, wenn andere sie hören oder, schlimmer noch, sie wiederholen. Und so wie der Name Gottes in einer Kirche widerhallt, auch ohne dass man ihn erwähnen muss, so kündete alles – seine verschwitzten Kleider, sein Blut, seine Angst und die Tasche, die er sich an die Brust drückte – lautlos von dem unheilvollen Wort.

»Als Kind hat mich der Bruder meiner Mutter, ohne dass es mir bewusst war, mit einer Art Mythologie über die Mafia gefüttert. Im Dunkeln erzählte er mir in meinem Zimmer die Geschichte von Osso, Mastrosso und Carcagnosso, drei Brüdern aus Toledo, die einen Mann getötet hatten, um ihre Schwester zu rächen, die er ›entehrt‹ hatte – ich war noch zu klein, um zu verstehen, was Vergewaltigung bedeutete, aber ich spürte den Ernst der Lage. Ihre Rache mussten sie damit büßen, dass sie auf der Insel Favignana eingesperrt wurden. Als sie das Gefängnis dreißig Jahre später verließen, waren sie verlebt und erneuert zugleich, Männer, denen Ehre und Schweigen über alles gingen. Der Legende zufolge trennten sie sich. Osso soll auf Sizilien geblieben sein, wo er den Grundstein für die Cosa Nostra legte, Mastrosso fuhr angeblich mit dem Schiff nach Kalabrien, um die 'Ndrangheta zu gründen, und Carcagnosso soll bis nach Kampanien, in die ›Campania Felix‹, gelangt sein und die Camorra aufgebaut haben, die heute in Neapel wütet. Ich liebte diese Geschichte, die mein Onkel mit Details spickte, er erzählte von Kämpfen, davon, wie sie der Folter widerstanden, von ihrem Ehrgefühl, den Initiationsriten der Ritter, davon, wie die spanischen Gebiete italienisch wurden und wie stark wir waren …

Jedes Mal, wenn er sonntags zum Abendessen kam, bat ich ihn, mir alles noch einmal ganz genau zu erzählen, ohne die Einzelheiten zu vergessen, und flehte ihn an, die Geschichte weiter auszuschmücken.

›Und warum mögen wir Carcagnosso am liebsten? Was hat er gegründet?‹

Ich antwortete und war stolz auf mich. Aber inzwischen schäme ich mich, dieses Wort auszusprechen, denn ich bin gewarnt worden und habe nicht an den Fluch des Bösen glauben wollen. Eines Abends steckte mein Vater, der davon ausging, mein Onkel würde mir eine Geschichte über Werwölfe erzählen, den Kopf zur Tür herein und hörte, was nicht ausgesprochen werden durfte. Er packte meinen Onkel am Kragen, ich presste mir die Hände auf die Ohren und schloss die Augen. Der Onkel kam sonntags nicht mehr. Ich habe ihn mehrere Jahre lang nicht gesehen. Aus Höflichkeit nahm er an Papas Beerdigung teil, ganz unauffällig. Mein Vater hinterließ nur wenig Geld, eine lächerliche Summe. Meine Mutter, die nie etwas anderes getan hatte, als zu kochen, hielt das Angebot des alten Herrn von unten, seinen Kiosk weiterzuführen, für großzügig und nahm es an; ich sage Kiosk, weil man es nicht wirklich einen Laden nennen konnte, es war eine Art kleine Öffnung zur Straße hin, wo er Dinge des täglichen Bedarfs verkaufte. Abends, wenn sie mich zudeckte, erzählte meine Mutter mir von ihrem Traum, Verkäuferin zu sein, und ich säße hinter der Geldschublade und würde die Passanten mit meinem hübschen Kinderlächeln anlocken. Ich träumte von Karamellbonbons, und sie dachte, sie würde für meine

Sicherheit sorgen. Aber meine Mutter hatte keine Ahnung, und die Miete, die der Alte von ihr verlangte, war sehr hoch. Sie hatte sich nicht ausgerechnet, wie viel sie verkaufen musste, damit es sich rentierte. Sie wusste nicht, wo sie die Sachen zum Großhandelspreis einkaufen konnte. Sehr schnell wurde die gute Idee zum Verlustgeschäft. Und meinem Onkel, der immer regelmäßiger zum Abendessen kam und die Dinge mitbrachte, die wir dringend brauchten, gelang es, mein Vertrauen zu gewinnen. Er hatte eine Möglichkeit gefunden, für die Miete des Kiosks aufzukommen … Und so gerieten wir ins Räderwerk … Nicht einmal im Flüsterton hörte ich je das unheilvolle Wort Camorra … aber nach und nach schwor mein Onkel mich, ohne es auszusprechen, auf ihre Gedanken ein, auf das Gefühl einer Familie, die über mir schwebte, die uns, die armen Leute, beschützte. Er hatte mich davon überzeugt, dass sie eine Art Widerstandsbewegung sei gegenüber den Institutionen, die unter dem Deckmantel der Legalität nichts anderes taten, als die kleinen Leute auszubeuten. Und statt uns dem Prinzip ›Friss oder stirb‹ zu beugen, erlaubten wir uns einen Winkelzug, um unseren Stolz zu wahren und uns nicht vollständig in die Mühle eines harten Arbeitslebens zu begeben, um nicht im Hamsterrad zu landen.

›Sieh dir deine Mutter an! Ist sie je belohnt worden? Und dein Vater, der mir unrecht tat? Ruiniert von seiner Arbeit unter Tage, leichenblass, weil er den halben Tag kein Sonnenlicht gesehen hat …‹

Ich hörte ihm zu, ich war sechzehn Jahre alt, und für mich zeichnete sich keinerlei Zukunft ab. Er verschaffte mir meinen ersten Job. Ich musste Ausschau halten, ob die Polizei im Viertel aufkreuzte, und dafür bekam ich einen Schein. Das schien so einfach. Mein Onkel war stolz auf mich, darum war ich überzeugt davon, dass ich das Richtige tat. Ich brachte die innere Stimme meines Vaters zum Schweigen. So fing es an, und dann wurde es immer düsterer, schwarz und schließlich rot. Ich habe Blut vergossen, das erste Mal habe ich mich übergeben. Der Geruch von Blut, das sich dunkler färbt … Und das nächste Mal und das danach … Ich hasste mich dafür, dass ich mich an das Grauen gewöhnte. Ich glaube, meine Mutter ist zum Teil aus Scham gestorben, sie hat Kehlkopfkrebs bekommen und hat nur noch ein halbes Jahr gelebt, mein Verhalten hat ihr den Atem verschlagen.«

Er unterdrückte ein Schluchzen.

»Die letzten Monate hatte ich den Auftrag, Schutzgeld einzutreiben, aber manche Familien können nicht bezahlen und geben ihre Uhren, ihre Ringe, ihren Schmuck ab … Mein Onkel bat mich, das Geld unserem Oberhaupt zu geben, aber einen Teil der Beute abzuzweigen, mit niemandem darüber zu sprechen und alles zu Hause zu verstecken. Das ging ein paar Monate so: Ich weigerte mich, zu verstehen, aber der Druck wurde immer größer, und mein Onkel sagte mir, er müsse vielleicht eine Weile verschwinden, und bat mich, mir eine Familienangelegenheit auszudenken. Sie haben angefangen, mir Fragen zu stellen, und ich bekam Angst. Heute früh habe ich die Tasche mit dem Schmuck genommen, um ihn loszuwerden, ich wollte ihn zurückgeben und aussteigen. Aber als ich bei meinem Onkel ankam, war er tot, ich konnte gerade noch kehrtmachen, die Treppe hinunterrasen und fliehen, seine Mörder dicht auf den Fersen. Selbst wenn ich ihnen die Tasche gegeben hätte, hätte das nichts geändert. Sie schalten die Verräter aus. Du siehst also, das ist alles, was ich noch habe. Diesen Schmuck. Und dich.«

Er schwieg eine ganze Weile. Sie atmete ganz tief ein.

»Wie heißt du?«
    »Ferdinando. Ferdinando Gelmini.«
    »Ferdinando … das ist hübsch. So heißen große Reisende. Weißt du das?«
    »Und wohin gehen wir, …?«
    »… Lucie …«
    »Wohin gehen wir, Lucie?«

In diesem Moment gab es ein lautes Geschepper auf dem Treppenabsatz … Ferdinando stürzte sich auf Lucie, um sie in den Arm zu nehmen, er würde es niemals zugeben, aber er tat es ebenso zu seiner eigenen Beruhigung wie um sie zu beschützen. Dann hörten sie Mauricio schimpfen, er klopfte.

»Ich stelle euch Tiramisu vor die Tür, ihr zwei. Es sieht ein bisschen matschig aus, ist aber sehr lecker.«

Lucie und Ferdi lachten, und das Lachen ging in einen Kuss über, und der Kuss ging in einen Schrei über, in dem sich Leid und Ekstase mischten, einen köstlichen Schmerz, in dem schon die Lust lag. An diesem Abend versuchte ich mich an der Karikatur einer Frau, deren Wesen derartig schön war, dass ich sie nicht zeichnen konnte. Sie sagte: »Ich verstehe«, als passierte ihr das öfter, und verschwand in der Nacht. Darüber vergaß ich beinahe das Wunder, das gerade in meiner Wohnung geschah. Als ich nach Hause kam, stand das matschige Tiramisu noch auf dem Treppenabsatz, ich fand Ferdi und Lucie schlafend auf dem Sofa, zugedeckt mit einem einfachen Laken, und das rührte mich zu Tränen.

Bei Tagesanbruch waren sie beide startklar. Lucie war mitten in der Nacht aufgewacht und hatte *sfogliatelle* gebacken. Ferdi und ich verputzten jeder eine davon. Lucie gab mir die Adresse des Altenheims, damit ich ihrem Chef Bescheid geben und er die Bewohnerinnen und Bewohner beruhigen konnte, um die sie sich kümmerte.

»Wenn sie die *sfogliatelle* bekommen, wissen sie, dass ich glücklich bin.«

Ich sah mich gezwungen, den jungen Leuten einen Rat mit auf den Weg zu geben, obwohl auch ich erst einunddreißig Jahre alt war, aber je älter ich wurde, desto weniger schien ich den Sinn des Lebens zu verstehen.

»Lasst euch Zeit. Verkauft den Schmuck nicht gleich. Versteckt ihn ein paar Jahre. Arbeitet so hart, als hättet ihr nichts, und eines Tages, wenn keine Gefahr mehr droht, wenn ihr es verdient habt, wenn das Geld eher eine Belohnung als ein Diebesgut ist, dann verkauft ihr den Schmuck, versprecht es mir!«

Als der Schwur geleistet und der Abschied vollzogen war, auf dass sie so schnell wie möglich das erste Schiff besteigen konnten, ging ich mit meiner Tasche voller *sfogliatelle* zum Altenheim. Der Leiter war ein kleiner, pummeliger Kerl, dessen Alter schwer zu schätzen war. Dadurch, dass er von alten Menschen umgeben war, schien sein eigener Körper sich einer Festlegung zu entziehen. Er hätte fünfundzwanzig oder fünfzig Jahre alt sein können, er war ein unveränderliches Wesen wie eine Comicfigur. Er begrüßte mich herzlich und dachte, ich käme, um ein Elternteil anzumelden, aber ich erklärte ihm, dass Lucie mich schickte, sie habe überraschend die Liebe gefunden und sei mit dem Mann ihres Lebens nach Russland gegangen. Ich weiß nicht, warum, es erschien mir besser, und ich wollte nicht das geringste Risiko eingehen, dass man sie in Marseille finden könnte.

»Wie denn das, den Mann ihres Lebens?«
»Ja, es war unverkennbar.«
»Unverkennbar seit wann?«
»Gestern Abend!«

Er prustete los.

»Meinen Sie das ernst?«

Er war anscheinend nicht bewandert in Sachen Liebe. Ich blieb ungerührt, woraufhin er ganz rot wurde vor Wut (oder vor Scham, was wusste ich schon?). Ich faltete einen Notizzettel auseinander mit dem Namen einer Vertretung, die Lucie empfohlen hatte. Das heiterte ihn auf.

»Sagen Sie es ihnen selbst.«

Kurz darauf fand ich mich vor einem unglaublich begeisterten Publikum wieder, das, mit *sfogliatelle*-Krümeln in den Zahnprothesen, unbedingt die große Liebesgeschichte von Lucie hören wollte. Sie waren ungeduldig und scharrten mit den Füßen ihrer Gehhilfen wie mit Hufen; sie schalteten ihre Hörgeräte laut und räusperten sich, um mich später auf keinen Fall zu unterbrechen ... Aber ich wusste, dass ich unmöglich Lucies wahre Geschichte erzählen konnte, ohne sie in Gefahr zu bringen. Also tauchte ich in meine Erinnerungen an russische Lektüren ein; große romantische Schilderungen, Tränen, Schmerz und Leidenschaft. Was zum Teufel konnte ich ihnen nur erzählen?

Drei Stunden später verließ ich den Raum unter dem Applaus meines Publikums und dem Schnarchen eines Bewohners. Ein kleiner Mann mit Schnurrbart hatte ununterbrochen betont, das sei überwäääältigend ... Ich hatte kein Detail ausgelassen: Teodorow und seine Suche nach Liebe, jenen jungen verwitweten Mann, der auf Geheiß des Phantoms seiner verstorbenen Frau nach Neapel gekommen war, die ihm beim Anblick von Lucie ein letztes Lächeln schenkte und ihn fortan nicht mehr heimsuchte; die Wache, die ihm überall hin folgte, da er ein Abkömmling eines russischen Prinzen war, der gegen das Regime und die Ungerechtigkeit kämpfte; die Augen von Lucie, als sie zum ersten Mal Kaviar probierte; Teodorows Heiratsantrag im Mondschein unter dem Fenster, während er Geige spielte; die eifersüchtige Mutter; ein Duell und den ersten Kuss.

Ein allgemeines und entzücktes »Ohhhh!« begleitete meine Geschichte.

»Und das alles innerhalb von einer Nacht?«, fragte eine alte Dame mit Lockenwicklern.

»Das alles innerhalb von einer einzigen Nacht, ja.«

»Das ist mehr als in meinem ganzen Leben …«, murmelte sie verzaubert.

Und auch Lucie selbst erschien ihr bisheriges Leben immer kleiner, je weiter das Schiff sich von Neapel entfernte, von nun an hielt sie Ferdinandos Hand in ihrer. Sie wussten nicht, dass Lucie bereits ein anderes Leben in sich trug.

Mit einem gewissen Abstand meinte ich, ich hätte mir auch diese ganze Geschichte ausgedacht, sie erschien mir so verrückt wie die des russischen Prinzen, und vor allem konnte ich mir ihre Gesichter nicht mehr in Erinnerung rufen, sie hatten sich verflüchtigt. In einen Traum kann man nicht wieder zurückkehren. Die Nacht nimmt ihn mit sich fort. Wie das Kielwasser Lucie in den Armen von Ferdinando.

Trotzdem, wenn Ferdi dreiunddreißig Jahre später mit seinem Enkelsohn auf den Schultern ins Café Nube kommt, werden wir uns sofort erkennen. Er wird sich sein jugendliches Aussehen bewahrt haben, aber das Glück wird sein Gesicht verändert haben. »Hier habe ich deine Großmutter zum ersten Mal getroffen«, wird er dem kleinen Jungen sagen. »Und dieser Mann hat uns geholfen.« Er wird sanft wie ein Engel sein. Er wird ergriffen sein, wenn er um sich schaut und sieht, dass die wichtigste Szenerie seines Lebens unversehrt ist, und dann wird er einen Kaffee bestellen und einen zweiten bezahlen. Dabei wird er sich sehr genau an jenen Tag erinnern, der sein Schicksal und das von Maradona veränderte, denn ohne es zu wissen, hatten beide nach Hause gefunden.

DER SCHAL
1990

Für Agrippina, die ihre Heimatstadt nie verlassen hatte, waren alle Leute, die sie aus dem Fernsehen oder aus Zeitschriften kannte und gut fand, in irgendeiner Weise neapolitanisch. Manche mochten sich ihrer Herkunft schämen und sie hinter einem Pseudonym verbergen, aber Agrippina durchschaute ihr Spiel und murmelte, wenn sie eine vertraute Geste sah: »Der gehört zu uns, eindeutig!« So hatten Marlon Brando, Andre Agassi, die Mona Lisa, Marilyn Monroe und Fred Astaire entweder in Neapel gelebt, letztes Jahr in Marcos Lokal gegessen, im Haus der Cousine in der Via Benedetto Croce Modell gesessen, eine heiße Nacht mit Attila verbracht, dem stummen Fischhändler mit den langen Haaren, oder, im Fall von Fred Astaire, auf der Piazza del Plebiscito mit Agrippina selbst getanzt, wobei sie ihm »alles beigebracht« hatte. Fast alle »guten« Leute stammten aus derselben Stadt wie Agrippina. Sie zweifelte allerdings an der Aufrichtigkeit Sophia Lorens, die erklärtermaßen Neapolitanerin war, aber Agrippina hatte ihre Schwester gekannt, und die kam aus Mailand! Agrippina erzählte ihrer Enkeltochter auch gern von ihrer Begegnung mit Fellini, der sie gedrängt hatte, die Rolle einer voll-busigen Fischhändlerin in einem Film zu spielen. Sie hatte sich nicht darauf eingelassen, denn damals half sie einem Polizeikommissar dabei, Verbrechen aufzuklären, und wusste, dass sie für die Sicherheit der Stadt unent-behrlich war. Außerdem hatte sie geheime Ausgrabun-gen in Pompeji durchgeführt und mit Johannes Paul II. gepicknickt, der sie nach ihrer Meinung zur interna-tionalen Politik befragt hatte. Agrippina litt an einer Mythomanie, von der ich hingerissen war. Das gesam-te Café Nube lachte Tränen, wenn sie ihre Anekdoten zum Besten gab, die sie immer wie etwas Vertrauliches hinausposaunte:

»Hörst du mir auch zu? Hör mir ja gut zu, das habe ich noch nie irgendwem erzählt!«

Zeitliche Dimension und Glaubwürdigkeit spielten keine Rolle in ihrer Vorstellungswelt, und wenn jemand wagte, ihr zu widersprechen, war sie empört. »Meinen Sie vielleicht, ich wäre eine Lügnerin?«

Chiara schämte sich ein bisschen für die Äußerungen und die laute Stimme ihrer Großmutter, aber sie liebte ihre Geschichten und hing daran, wie ein Kind noch lange an den Weihnachtsmann glaubt, auch wenn es längst die Wahrheit herausgefunden hat. Agrippina bezahlte stets vier Kaffees und ließ zwei davon an die Tafel schreiben, als verneigte sie sich damit vor ihrem Publikum. Sie ge-hörte zum Inventar des Café Nube und machte sich gern über mich lustig. Die ganze Welt war neapolitanisch, aber ich war »der Franzose«, und sie nannte mich Mit-terrand. Egal, zu welcher Tageszeit sie ihre Bestellung aufgab, schrie sie: »Und dazu ein Dutzend Schnecken in

Knoblauchbutter, mit Camembert und einem halben Baguette für Mitterrand! Auf meine Rechnung!« Das stieß immer auf große Resonanz. Chiara entschuldigte sich für ihre Großmutter, mit roten Wangen und schüchternem Blick. Sie vereinte lauter Widersprüche in sich; sie sah reizend aus, vor allem, wenn ihre zum Knoten hochgesteckten Haare ihr süßes Gesicht nicht verdeckten; sie war zurückhaltend, aber sie war auch resolut, sie hatte die Charakterstärke ihrer Oma Agrippina geerbt, die sie nur anders zeigte. Viele junge Männer machten ihr schöne Augen, aber Chiara beachtete sie gar nicht, sie dachte, ihr wäre ein besonderes Schicksal bestimmt und eines Tages würde sich ganz selbstverständlich etwas Außergewöhnliches ereignen und in diese Richtung führen, wie in einem Roman. Sie hatte keine Lust auf die Schnulzen, die ihre Freundinnen zum Träumen brachten, sie mochte lieber Abenteuerromane oder Biografien, in denen sie gern den Augenblick ausfindig machte, der ein Leben zum Kippen brachte, die Begegnung, den Satz oder das Trauma, mit denen der unkonventionelle Weg des Helden begann. Einen Mann lieben, warum nicht, aber zuerst einmal ging es darum, einen Beruf zu finden, eine gewisse Stellung zu erlangen und selbst Erfolg zu haben. Sie gehörte nicht zu jenen Mädchen, die bei jedem, der sich für sie interessierte, mit den Wimpern klimperten. Sie wartete nicht auf die Liebe, sondern auf das Außergewöhnliche. Auf eine Richtung, ein Zeichen, den Auslöser. In ihren Augen war es beleidigend, eine Frau danach zu beurteilen, an wessen Arm sie sich klammerte. Sie wollte jemand werden, nicht die Frau von jemand. Sie studierte, um etwas Großes zu vollbringen, und sie mochte es, mit Männern zu diskutieren, die Oberhand zu gewinnen und sie zu überraschen. Sie träumte von einem Leben wie dem von Carla Lonzi, davon, vielleicht Schriftstellerin zu werden oder Malerin, wie sie es sich schon gewünscht hatte, bevor sie überhaupt zeichnen konnte, aber vor allem wollte sie in ihrer freien, rebellischen Art ungezügelt leben und sich die Männer aussuchen, die in ihr Bett schlüpfen würden, solange sie sie begehrte. Agrippina reagierte gereizt auf die feministischen Theorien ihrer Enkeltochter und pfiff sie zurück, wenn sie davon sprach: Chiara sei eine junge verwöhnte Frau, die ihre Chancen verspiele, Schönheit halte nicht ewig! Sie habe ihre Eltern verloren, eines Tages würde auch ihre Großmutter sterben, es sei ganz klar, dass ein Mann sie beschützen müsse. Aber Chiara behauptete, sie brauche niemanden.

»Schau dir deine Cousine Betti an, sie war wählerisch, und am Ende ist sie allein geblieben!«

»Sie hat einen Bart, Oma, und ich träume von ganz anderen Dingen.«

Die alte Dame mochte Hochzeiten furchtbar gern und hielt grundsätzlich bei jeder Hochzeit eine Rede, selbst wenn sie gar nicht zur Feier eingeladen war; sie brauchte nur Musik in einem Restaurant oder auf einem Platz zu hören, schon mischte sie sich unter die Gäste und kletterte auf die Bühne. Sie träumte davon, die Hochzeit ihrer Enkeltochter zu erleben, deren Sehnsüchte und rebellische Ader sie insgeheim bewunderte.

»Schau dir den an, Chiara! Der große Kerl an der Bar, der ist eine gute Partie. Ich kenne seine Familie, sie haben mehrere Schlachtereien und eine sehr hübsche Villa auf Capri.«

»Oma!«, brummelte Chiara zwischen den Zähnen und verdrehte dabei die Augen.

»Du wärst so hübsch mit einem weißen Spitzenkleid. Und sie machen die BESTE Wurst in ganz Neapel!«

»Oma, du redest sehr laut.«

»Du weißt ja, dass man für eine gute Wurst nicht die Reste verwertet, man nimmt die besten Stücke. So sind wir, wir Neapolitaner. Und jemand, der weiß, wie man Würste macht, der erkennt auch Schönheit. Oder was meint der Franzose dazu?«

Ich lächelte jedes Mal, wenn sie mich direkt ansprach, ohne zu antworten, um es für Chiara nicht noch unangenehmer zu machen.

»Oma, das ist mir peinlich, bitte.«

»Wer keinen Kummer kennt, weiß die eigene Freude gar nicht zu schätzen; auch wenn sie uns nur ganz still erfüllt und nicht überschwänglich ist, sondern Ausdruck einfacher Zufriedenheit, darüber, dass das Leben problemlos verläuft. Würdest du mir zuhören, würdest du diese Art von Freude empfinden.«

»Oma, du redest Quatsch!«

»Ich rede Quatsch? Dir ist nicht klar, dass das Leben ganz schnell vergeht. Und je mehr Lebenszeit vergeht, umso schneller vergeht das Leben. Wie bei einer Sanduhr spürt man am Ende, dass alles sich beschleunigt, dass alles sich zusammendrängt. Und der durchgelaufene Sand ist für immer verloren. Du musst die Zeit auskosten, aufhören, Angst zu haben!«

Da löste Agrippina den fliederfarbenen Seidenschal, den sie um den Hals trug und der immer Chiaras Fantasie angeregt hatte. Er stammte aus der Hand eines großen Modeschöpfers in der Innenstadt, der den Adel einkleidete, zumindest hatte ihre Großmutter ihr das immer erzählt. (Gab es überhaupt Adlige in Neapel?) Worte werden nur lebendig, wenn sie von Schweigen unterbrochen sind; auch in unserem Körper gibt es Leerstellen, unsichtbar schreibt sich das Schicksal in uns ein, das wir mit uns herumtragen wie die Narben alter Wunden. Die alte Dame wusste das. Aber wie sollte sie es ihrer Enkeltochter erklären, wenn nicht, indem sie ihr etwas Zartes schenkte, das sie beschützen und zugleich an sie binden würde, und zwar für immer, so wie man einem geliebten Menschen die Luft abschnürte?

Agrippina betrachtete Chiara ergriffen und band ihr den Schal um den Hals, als gäbe sie damit eine unsichtbare Kraft weiter.

»Von nun an gehört er dir, und das ist auch die erste Lektion in Sachen Glück.«

Chiara umarmte ihre Großmutter überschwänglich.

»Und welches ist die zweite Lektion?«

»Die kommt noch.«

In diesem Jahr verbrachte Chiara viel Zeit mit ihrer Großmutter. Sie fragte sie oft nach ihrem Glücksrezept, aber die raffinierte alte Dame wollte das Thema nie wieder anschneiden. Wenn Chiara davon sprach, strich Agrippina nur über das Stück Seide, das ihr einst gehört hatte, und wandte sich an ihr Publikum, um nicht antworten zu müssen.

Als Agrippina alles zu viel wurde, rief sie erschöpft ihre Familie zu einem großen Essen zusammen. So wie aufziehender Regen einen bestimmten Duft in vertrauten Bäumen weckt, spürte die alte Dame den nahenden Tod, er duftete nach Weihrauch und allem, was sie geliebt hatte, nach ihrer zu früh verstorbenen Mutter, Festen im Park und dem Jasmin ihrer Kindheit; süße Düfte verhieß er Agrippina, die auf dieselbe Weise an Gott glaubte wie an Filmstars. Nach dem Essen, das Agrippina mit Liebe gekocht hatte, half Chiara ihr, sich im Schatten der Mimose niederzulassen. Sie bat sie, ihr die zweite Lektion über das Glück zu enthüllen, aber die alte Dame war müde und versprach ihr, sie würden später darüber sprechen, sobald sie wieder aufwachte.

Während der Siesta entschlief Agrippina mit einem Lächeln auf den Lippen. Es gibt Tote, die glücklich sind. Bevor es dunkel wurde, kam Chiara und begriff sofort. Sie fand, dass Agrippina nie so schön gewesen war. Sie berührte den toten Körper nicht, sondern griff nach einem Bleistift, den sie in der Erde zu ihren Füßen befeuchtete, und zeichnete ihre tote Großmutter auf ein Stück Papier. Sie weinte nicht, aber sie wischte mit ihrem Schal über die Zeichnung, als trocknete sie Tränen, wodurch eine Art grauer Farbverlauf entstand und dem Bild einen ausdrucksstarken eigenen Charakter verlieh. Sie faltete es und steckte es in die Tasche ihrer Großmutter. Erst hinterher, spät am Abend, benachrichtigte sie den Rest der Familie. Sie konnte nicht wissen, dass hier der berühmte Kipppunkt stattfand von einem ganz normalen Leben zum Anfang ihrer künstlerischen Laufbahn, das sollte sie erst viel später begreifen.

Alle vermissten Agrippina, aber niemand war tieftraurig, lebte sie doch in jedem weiter. Sie hatte genügend Erinnerungen, Anekdoten und Legenden hinterlassen, an denen man sich freuen konnte. Nur Chiara tat sich schwer, ihr Fehlen zu verwinden. Sie dachte, dass ihr ohne die zweite Lektion das Glück auf ewig verwehrt bliebe. Oft sah man Chiara durchs Viertel schlendern, ihren Seidenschal um den Hals, im Winter wie im Sommer. Im Café Nube setzte sie die Tradition fort und hinterließ immer einen *caffè sospeso*, die Leute riefen ihr oft die Anekdoten ihrer Großmutter in Erinnerung, aber sie konnte nicht mehr darüber lachen. Chiara war zurückhaltend, und ihr bleiernes Herz zog ihre Mundwinkel nach unten, als hätte ein Kind sie mit einem traurigen Gesicht gemalt. In der kleinen Wohnung, die Agrippina ihr hinterlassen hatte, begann sie, alte nackte Frauen auf große Leinwände zu malen, wie besessen, mit Schlamm, als könnte Agrippina aus dem Staub auferstehen. Es kam vor, dass sie sich Trauerzügen anschloss und in Kirchen ging, um tote Frauenkörper zu sehen. Ihre Gemälde waren von einer Schönheit, die einem den Atem verschlug, aber ihnen fehlte wohl ein Hauch von Menschlichkeit, etwas Irritierendes, damit aus den sehr schönen Bildern ein schlüssiges Werk würde. Chiara war unablässig auf der Suche. Sie hatte immer schwarze Hände von der vielen Arbeit, wenn sie abgekämpft ins Café Nube kam, um neue Kraft zu schöpfen.

Eines Tages, als sie gerade hinausging, rempelte Alfred sie beim Hereinkommen an und entschuldigte sich nicht; nicht aus Ungehobeltheit, seine Manieren waren tadellos, sondern ganz einfach, weil unglückliche Menschen unsichtbar werden. Alfred hingegen gehörte nicht zu denen, die man übersah. Ihn lachte alles an. Er stammte aus einer Gauklerfamilie, und er hatte sich entschlossen, anders zu leben als in diesen unsicheren Verhältnissen. Nach einem glänzend absolvierten Jurastudium hatte er Bücher geschrieben und sich einen Namen als einer der führenden Intellektuellen Italiens gemacht. Von seinem Geburtsnamen Alfredo Ottolante hatte er das o des Vornamens fallen gelassen, damit es besser klang. Und wahrscheinlich hatte er mit dem Verschwinden von diesem »oh« unbewusst darauf hingewirkt, alles zu kontrollieren, was ihm in seinem Leben über den Kopf wachsen oder darin einen Missklang erzeugen könnte. Er war in Neapel geblieben, mehr aus Pragmatismus als aus echter Liebe zu seiner Heimatstadt, denn hier gab es weniger Konkurrenz als in Rom, es war einfacher gewesen, sich hochzuarbeiten. Alfred sah sich als einen »neapolitanischen Denker«, er gab gern seine Analysen zu Stärken und Schwächen seiner Region und seines Landes zum Besten. Seine Kanzlei war zwar auch im Strafrecht tätig, hatte sich aber auf Handelsrecht spezialisiert. Sie lag in einem kleinen Palazzo, das an das Gebäude grenzte, in dem Doktor Chen seine Praxis betrieb, und bot für jeden der drei Mitarbeiter ein Büro, und im letzten saß eine Sekretärin und Pressefrau, die sich in Vollzeit darum bemühte, Alfred so oft wie möglich in Radio- oder Fernsehsendungen unterzubringen, in Presseartikeln und Vorträgen und allem, was seine Bekanntheit vergrößern konnte. Er vertrat auch ehrenamtlich Jugendliche in Krisensituationen, die ins »antisoziale« Räderwerk geraten waren, wie er es gern nannte. Obwohl es nicht in seinen Kompetenzbereich fiel, sprach er auch sehr viel über Immigration, weil das angesagt war, die Leute mögen es, wenn man ihre Ängste wie Fahnen schwenkt und dabei gelehrte Worte verwendet.

»Dottore, was kann ich Ihnen bringen?«

Zum ersten Mal in fünfzehn Jahren bestellte er bei Mauricio »einen sehr starken Whisky«.

»Gibt es etwas zu feiern?«

Er lächelte nur, und Mauricio hielt das für einen Ausdruck seiner Bescheidenheit. Der Typ hatte wirklich Stil. Jeder in Neapel wusste, dass einer seiner Fälle, in dem er vor zwanzig Jahren jemand vor Gericht vertreten hatte, Gegenstand eines Dokumentarfilms geworden war, in dem Rechtsanwalt Alfred Ottolante eine Hauptrolle spielte und der an diesem Abend auf einem der größten Fernsehsender Italiens ausgestrahlt worden war. Mit Alfreds Hilfe war ein fälschlich beschuldigter Mann aus dem Gefängnis freigekommen, und zudem wurde ein riesiges Netz für Kinderpornografie zerschlagen. Vielleicht würde er damit zum Helden der Nation, und man munkelte, er könne womöglich in die Politik gehen. Mauricio hatte vor, sich mit Alfred Ottolante fotografieren zu lassen und das gerahmte Bild an die Wand auf den Toiletten zu hängen. Die Leute bewunderten ihn, die Frauen begehrten ihn, er hätte ununterbrochen Grund zum Lachen gehabt, trotzdem tat er es nicht. Er machte alles wie eine Maschine, passiv, unerreichbar für die Gefühle, die sein eigenes Leben in ihm hätten auslösen sollen. Und genau darum trank er seinen Whisky auch über Gebühr schnell.

Gestern hatte es eine Vorpremiere gegeben. Der Film hatte Wirkung gezeigt, die Leute waren ergriffen gewesen, seine tollen Kinder hatten ihn in ihre pummeligen Arme genommen, alle seine Kollegen hatten ihm Beifall geklatscht, aber er hatte nichts gefühlt. Noch nicht einmal, als er sah, dass die Regisseurin den Dokumentarfilm auch seiner Frau gewidmet hatte, die an Krebs gestorben war. Nichts. Nicht die geringste Gefühlsregung. Als lebte er an sich selbst vorbei.

Er wusste es schon eine ganze Weile, ohne es sich selbst einzugestehen, aber dieses Mal konnte er die offensichtliche Frage nicht ausblenden:

»Warum fühle ich nichts?«

Die Feststellung, dass er keine Gefühle hatte, löste nicht einmal einen Schmerz in ihm aus, auch diese Empfindung hatte er vergessen. Wenn man ihn ansah, vermutete man ein solches emotionales Abgestorbensein gar nicht, denn er war nur innerlich gleichmütig. Er lächelte, wirkte traurig oder zeigte sich gereizt, aber mehr als Reaktion und aus Vernunft als aus Instinkt oder eigenem Antrieb, wie ein schlechter Schauspieler. Anhedonie nennt sich diese Krankheit. Alfred hatte keine Ahnung davon, aber dieser Zustand war zu seinem eigenen Schutz eingetreten. Seit er erfahren hatte, dass er die Frau, die er liebte, verlieren würde, empfand er nicht mehr den geringsten Schmerz, und hinzu kam eine Abwehr von Freude oder jedwedem anderen Gefühl. Als sie starb, erlebte er kein ungeheures Leid, schlimmer noch, er fühlte überhaupt nichts. Nicht einmal die Kälte auf dem windumtosten Friedhof. Eindeutig Anhedonie. Der Begriff geht auf die griechischen Wörter *a* – »ohne« – und *hedone* – »Vergnügen« – zurück, und genau so war es, Alfred war ein Mann ohne Vergnügen, aber niemand ahnte etwas davon. Seine Gestik und Mimik passten stets zur Situation und waren nachvollziehbar. Man hielt ihn für stark und kraftvoll, und das war er auch, wie eine Statue, ein Marmorblock. Er wurde von äußerst schönen Frauen umworben, aber über einen Kuss ging es nie hinaus. Was konnte er tun, um wieder Schmerz zu empfinden? Einen Schmerz, der ihn anschließend wieder zum Glück führen würde ... Wenn Alfred seinen Kaffee bei Mauricio trank, nahm er sich Zeit dafür und hoffte auf eine Offenbarung wie bei Proust, er analysierte jeden Augenblick, als wäre das Geheimnis in dem bitteren Aroma an seinem Gaumen versteckt, aber vergeblich. Wie sollte er die Dinge mit allen Sinnen wahrnehmen statt nur mit dem Kopf? Die Distanz zwischen der Darstellung seines Lebens nach außen und seinem Leben selbst aufheben? Nicht mehr so tun, als ob? Hatte Alfred sein o für immer verloren?

Chiara hatte Angst allein auf der Straße, denn seit einiger Zeit fiel sie manchmal grundlos hintenüber. Sie spürte, wie ein Schwindel in ihrem Bauch begann und ein zweiter weiter oben, über dem Kopf. Sie kämpfte, um ihren Körper und ihren Geist voneinander zu trennen, aber wenn die beiden miteinander in Verbindung traten, dann brach sie mit verdrehten Augen zusammen. Sie war bei mehreren Ärzten gewesen, und alle hatten ihr bestätigt, dass es psychosomatisch sei. Sie fühlte ihren Kummer, verstand aber nicht, woher er rührte. Die Monate vergingen, und noch immer kehrte die Freude nicht zurück auf das Gesicht der schönen Chiara. Sie versuchte, sich an die Tipps ihrer Großmutter zu erinnern. Vielleicht lag der Schlüssel zu ihrem Problem darin versteckt? In dem Wurstrezept, von dem sie gesprochen hatte? In ihrem Wunsch, dass Chiara heiraten möge? In ihren einfallsreichen Lügen? Nichts deutete auf die Glücksformel hin.

Dann, an einem Tag im August, kam ihr eine glänzende Idee. Chiara hatte von ihrer Großmutter gelernt, dass man, wenn man etwas vergessen oder verloren hatte, seine Schritte noch einmal gehen, den Tag und jede Bewegung bis ins Kleinste zurückverfolgen musste. Daher vollzog Chiara einen Richtungswechsel, um zu erfahren, wo sie ihr Glück verloren hatte. Rückwärtsgewandt würde sie es bestimmt wiederfinden. Es war Siesta-Zeit, sie begann zu laufen, die von der Sonne sengend heißen grünen und orangefarbenen Dächer sahen von unten aus wie Höllentore. Das Licht war so grell, dass selbst die Statuen geblendet waren. Die wenigen verschwitzten Körper, die auf der Straße unterwegs waren, schienen wie Auswüchse der Stadt, als vermischten sich die Neapolitaner mit ihrer Umgebung, als wären sie eins mit ihrer Stadt, die sie gleichzeitig verschlang und durch sie hindurch atmete.

Chiara sucht vergeblich nach ihrem Glück: in den Katakomben von Sanità bei einer heimlichen Party, die ein böses Ende nimmt, auf dem Karussell, wo sie als Kind auf dem Einhorn geritten ist, auf dem Mofa von Anton, ihrem Schwarm am Gymnasium, an dem sie sich mit wehenden Haaren festklammert. Aber Anton mag Jungs lieber und sagt es ihr an einem Nachmittag am Strand. Hier findet sie das verlorene Glück nicht. Sie sucht weiter. Vor der Pizzeria von Michele sieht sie, wie der Sohn des Schlachters eine Frau mit braunen Haaren küsst, die hübscher ist als sie. Sie trocknet ihre Tränen mit dem Schal von Agrippina und sagt sich, dass sie auf ihre Großmutter hätte hören sollen, dass sie all ihre Chancen vertan hat, allein bleiben wird und ohne das zauberhafte Schicksal, das sie sich in ihrer Dummheit ausgemalt hat. Der Kummer, der sich in ihr eingenistet hat, färbt jede Zukunftsaussicht rabenschwarz. Sie lässt nicht locker, sie sucht weiter. Das Glück muss doch irgendwo versteckt sein unter ihren von hinten aufgezäumten Schritten. In dieser Woche läuft sie überall hin, aber nichts kommt dabei heraus, nur der September. Die Ideen gehen ihr aus. Der Sommer geht zu Ende. Sie verlässt die Kirche, keine tote Frau heute. Nichts zu zeichnen. Der Seidenschal, der nach ihrer Großmutter riecht, und Tränen, die ihr in die Augen steigen. Da verwandeln sich die Dinge auf dem Rückweg. Alles bleibt wie immer, aber Chiara hat sich verändert. Durch den Mangel an Glück regt sich etwas in ihr, das sie bislang nicht kannte. Durch die Melancholie erscheinen ihre Augen wie am Tag nach einer Party. Sie hat keine Angst, die Männer anzustarren, die ihr begegnen. Wer leidet, darf alles. Das Begehren nistet sich zwischen ihren Schenkeln ein. Natürlich hat sie schon mal Lust auf einen Mann gehabt, aber als logische Folge einer Fantasie, die mit Liebe begann. Jetzt ist es anders, das unerwartete Begehren ist feucht, es kommt aus dem Unterleib, es hat etwas Gewaltsames. Chiara will diese Erfahrung machen, wie wenn man sich bewusst ruinieren will. Sie fixiert die Leute so lange, bis sie den Kopf senken. Und dann schaut ein Mann zurück, und er greift nach ihrer Hand.

»Wie heißt du?«

Plötzlich hat sie Angst und will ihm ausweichen, aber sie hat den animalischen Instinkt ihres Gegenübers geweckt. Sie antwortet nicht. Er nimmt sie an der Hand, an seinen rauen Handflächen werden Chiaras Hände schwitzig. Er zieht sie in eine Gasse und drückt sie gegen eine Mauer, hebt ihr langes blaues Baumwollkleid hoch und kniet sich hin. Er küsst Chiaras Geschlecht wie beim ersten Kuss, wenn man verliebt ist. Die Schenkel der jungen Frau pressen sich zusammen, er spreizt sie sanft auseinander, sie packt ihn bei den Haaren, um zu sagen: »Genug!«, einen Moment später streichelt sie seinen Kopf, um zu sagen: »Noch einmal.« Er richtet sich auf, schaut sie in Ruhe an und wickelt ihr den Schal vom Hals. Er legt ihn ihr vorsichtig über die Augen und knotet ihn hinter dem Kopf zusammen. Er holt sein Glied aus der Hose und dringt tief in sie ein. Es dauert nicht lange. Sie verliert ihre Jungfräulichkeit, mit verbundenen Augen. Er lässt sie im Dunkeln zurück, unter der Seide, besudelt mit fremdem Sperma und ihrer eigenen Unbesonnenheit. Sie zerrt sich den Schal vom Kopf, wirft ihn auf den Boden, weil sie sich seiner nicht mehr würdig fühlt, und beweint das junge Mädchen, das sie war und dessen Spur sie verloren zu haben scheint.

Die nächste Straße ist voller Menschen; ihre Augen, die sich an die Dunkelheit gewöhnt haben, sind geblendet vom Licht der Straßenlaternen, als würden zwei Filme, die nichts miteinander zu tun haben, übereinandergelegt. Da ist eine Sängerin, die brüllt, die den Jazz marktschreierisch auf die Straße hinausbrüllt. Und Leute, die dem Schreien applaudieren. Chiara fragt sich, ob die Menschen auch die Rede eines Diktators bejubelt hätten oder ob sie die Einzige ist, die hört, dass diese Frau ihre Wut herausschreit, die sich den Anschein von positiver Energie gibt. Wenn die Leute an der Frau vorbeigehen, werden sie langsamer, als begafften sie einen Unfall am Straßenrand. Die Frau wertet das als Beweis ihres Talents und strengt sich doppelt an. Chiara würde ihr am liebsten sagen, dass sie die Klappe halten soll, vermutlich weil sie selbst sich nicht traut, all ihre Wut und all ihren Kummer hinauszuschreien. Als sie schon gute zehn Minuten auf dem Nachhauseweg ist, nähert sich ihr ein Hund. Im Maul hat er den Schal von Agrippina. Sie beugt sich zu ihm und bedankt sich bei dem Hund wie bei einem Menschen, denn sie weiß nicht, wie man mit Tieren umgeht, und legt sich den fliederfarbenen, vollgesabberten Stoff wieder um den Hals, wie eine Entschuldigung oder einen Fluch des Himmels.

Zur selben Zeit deckte Alfred gerade seine Töchter in ihren zu großen Betten zu, erzählte Geschichten und gab ihnen einen Kuss, mit leerem Herzen. Oft dachte er, es sei gebrochen, emotional abgestorben. Vielleicht hätte Sex ihn ins Leben zurückführen können, aber schon der Gedanke daran machte ihm keine Freude mehr, es war keine Abneigung, sondern ganz einfach Gleichgültigkeit, dieses röchelnde Herumgefuchtel erschien ihm lächerlich. Am nächsten Morgen in der Kanzlei gab ihm eine Assistentin, die ihn ganz verliebt anschaute und merkte, dass er sich selbst nicht verstand, den Rat, Doktor Chen zu konsultieren, gleich unten im Nachbarhaus. Aber er wehrte sich dagegen:

»Warum sollte ich den Doktor aufsuchen? Mir geht es sehr gut.«

»Gerade wenn es einem gut geht, sollte man es tun. Das macht man so bei ihm, im Land der aufgehenden Sonne!«, sagte sie belustigt und flirtete noch immer mit ihm, ohne dass er es wahrnehmen wollte.

Alfred gefiel die Vorstellung von diesem Präventiv-Doktor, weil er dort sein Unbehagen nicht offen zur Sprache bringen musste. Er vereinbarte einen Termin, aber als er im Wartezimmer saß, sah er durch einen Spalt in der Holztür, wie der Doktor mit einem Fantasiewesen sprach. Der Panda war zu einem Höflichkeitsbesuch zurückgekehrt, aber das konnte Alfred natürlich nicht wissen. Er hatte nicht die Gabe, Phantompandas zu sehen oder auch nur zu begreifen, dass es sie gab. Darum verließ Alfred das Wartezimmer des chinesischen Arztes wieder, den er für verrückt hielt, und beschloss, mit seiner inneren Leere zu leben.

Chiara hatte ihr ganzes Leben zurückverfolgt, sie war noch einmal zu ihrem Gymnasium gegangen, zum Haus ihrer Kindheit, zum Eisladen am Strand von Bacoli, in die Bibliothek, wo Sofia ihr Knie gestreichelt hatte, in die Schneiderei ihres Onkels, sie hatte sich Gott anvertraut, und dann wurde ihr das Offensichtliche bewusst, als sie im Café Nube saß und eine Limonade trank: Seit sie den Schal bekommen hatte, liefen die Dinge schlecht in ihrem Leben. Beim ersten Mal, als sie ihn getragen hatte, verhakte er sich in einer Tür und erdrosselte sie beinahe. Eines Nachts verhedderte er sich in ihren Füßen, als sie überstürzt aufstand, um ans Telefon zu gehen, sodass sie lang hinschlug. Der Schal begann, sich wie ein eifersüchtiger Mann zu verhalten, er schnitt sie von der Welt ab. Sie konnte es ihren Freunden nicht sagen, aus Angst, sie würden sie für verrückt halten, aber wenn sie ihn lange betrachtete, schien er über sie zu lachen, sie zu verhöhnen. Sie musste es einsehen, der Schal war lebendig! Nachts hatte sie den Eindruck, als würde er auf der Kante des Strohstuhls, auf dem sie ihn abgelegt hatte, hin und her schwingen, tagsüber wechselte er manchmal den Ort wie eine Schlange. Sie ließ ihn irgendwo liegen und fand ihn anderswo wieder. Er fing an, ihr Angst zu machen. Sie beschloss, ihn loszuwerden.

Beim ersten Mal versuchte sie, ihn in einem Park zurückzulassen. Sie saß auf einer Bank und schaute den Kindern in der Sandkiste zu, wie sie sich Sand in den Mund stopften. Die Mütter stürzten sich auf ihre weinenden Nachkömmlinge, denen der graue Rotz herunterlief. Niemand beachtete sie, sie musste nur aufstehen, den Schal auf der Bank liegen lassen und schnell weggehen. Der Drang war unbezwingbar, und sie huschte gerade zur Gittertür, als eine dicke Tagesmutter mit rosigen Wangen ihr ganz außer Atem lächelnd auf die Schulter tippte. Sie war Chiara hinterhergelaufen, um ihr den Schal zurückzugeben, sie musste sich bei ihr bedanken und ihn sich wieder um den Hals binden; umso mehr und weil es so offensichtlich war, fühlte sie sich schuldig, es war, als würde sie einen Verrat an ihrer Großmutter begehen und annehmen, dass ein Teil der alten Dame ihr übelwolle. Ein paar Tage später ließ sie den Schal unter die Sitzbank in der Kirche gleiten, sie hatte gebetet und ihrer Großmutter erklärt, dass der verfluchte Schal sie am Weiterleben hindere, dass sie verstehen und ihr verzeihen müsse. Den Blick geradeaus ins Kirchenschiff gerichtet und freigesprochen von ihrer Sünde, so dachte sie zumindest, wegen ihrer Aufrichtigkeit, ließ sie ihn fallen. Chiara fühlte sich besser, als sie nach Hause ging, bis sie bemerkte, dass sich der Schal zwischen ihren Beinen verfangen hatte wie die Schlange bei der Entstehung der Welt, wie eine Efeuranke, die einen Baum verschlingt. Chiara nahm den Schal gegen ihren Willen wieder mit nach Hause. Sie ließ ihn nicht zurück. Eine Woche später, beim dritten Versuch, ließ sie ihn in der Menschenmenge auf der Piazza del Plebiscito fallen, wo ich gerade zeichnete. Ich sah sie in der Ferne, rannte los, um den Schal aufzuheben, und dann hinter Chiara her, um ihn ihr zurückzugeben. Ich legte meine Hand auf ihre Schulter. Als sie den Schal sah, brach sie in Tränen aus. Ich dachte zuerst, aus Rührung, aber dann erzählte sie mir die ganze Geschichte. Ich verstand ihre Verzweiflung. Ich schlug ein Feuer vor, aber damit war sie nicht einverstanden; den Schal zu verbrennen hieße, sich dem Andenken ihrer Großmutter gegenüber respektlos zu zeigen, fast so, als würde sie sie selbst verbrennen. Das Stück Stoff musste seiner Bestimmung gewissermaßen weiterhin folgen, aber weit weg von ihr. Sie war es sich schuldig, darüber nachzudenken, mit dem Priester zu sprechen, und sie ging sogar zum Grab ihrer Großmutter. Die drei missglückten Versuche waren Ausdruck eines Fluchs, den sie verstehen und abwenden musste, um ihr Glück zu finden. Aber niemand antwortete ihr, sie bekam kein Zeichen, keinen Rat, der Schal riss sie mit sich, knebelte sie, band sie an sich.

Wir sprachen nicht wieder darüber, wenn ich sie hin und wieder im Café Nube traf oder sie mit verschlossener Miene schnellen Schrittes auf der Straße sah, mit dem Schal um den Hals. Ich vermutete, dass sie ihre Bürde akzeptiert hatte. Eines Tages, als ich hinten auf meiner Bank saß, kam Chiara herein, legte ihren Mantel und den fliederfarbenen Schal auf einen Hocker an der Bar und ging anschließend auf die Toilette. Alfred suchte sich einen Platz in meiner Nähe, um in Ruhe ein Telefonat zu führen auf einem der damals noch sehr großen Handys. Ich hörte den freudigen Tonfall, der zu seinen Worten passte, aber sein Gesicht gab sich keine Mühe, die entsprechende Mimik aufzusetzen. Als er das Gespräch beendete, lächelte er mir automatisch zu. Das machte mich traurig, und ich sagte:

»Die unsichtbaren Krankheiten sind die schlimmsten.«

Er nahm es mir zunächst übel. Worauf spielte ich an, wer war ich, mich in sein Leben einzumischen? Aber ich sagte ihm, ich wisse, was er empfinde oder eher nicht empfinde, weil ich selbst auch diese Krankheit gehabt hätte. Das stimmte zwar nicht, aber ich wusste genau, was mit ihm los war, und ich wollte ihm helfen. Ich bewegte mich wie auf rohen Eiern, wie ein Pokerspieler, der nichts auf der Hand hat, aber so tut, als hätte er einen Royal Flush. Und dann schlug ich ihm, weil er verstummt war und mir aufmerksam zuhörte, Folgendes vor:

»Sie müssen etwas Verbotenes tun. Etwas stehlen. Ein weibliches Symbol, eine Brosche oder ein Schmuckstück, damit ein Schuldgefühl in Ihnen entsteht und eine Art Fetischismus, verstehen Sie? Eine Übertragung ...«

»Es stimmt also.«

»Was?«

»Dass die Franzosen alle übergeschnappt sind.«

»Das ist nicht französisch, sondern eher freudsch.«

»Aha.«

»Eine Übertragung, glauben Sie mir!«

»Und was soll dann passieren? Wird Gott Freude auf mich niederprasseln lassen? Werde ich vom Glück getroffen wie vom Blitz?«

Ich hatte keine Ahnung. Ich hatte Freud nur quergelesen, aber ich hoffte, dass der Reiz des Verbotenen Chiara zumindest von ihrem kummerbesetzten Stoff erlösen würde. Ich kannte Alfred kaum, und ich fand ihn nicht sehr sympathisch. Ich tat so, als hätte ich seine Bemerkung nicht gehört, und vertiefte mich wieder in meine Lektüre. Einen Augenblick später, der mir sehr lang vorkam, stand ich auf, um mir ein Stück Gebäck zu holen, dann schlug ich Chiara vor, sich zu mir zu setzen und es mit mir zu teilen. Wie ich gehofft hatte, ließ sie ihre Sachen auf dem Hocker an der Bar und folgte mir.

Unauffällig schaute ich zu Alfred hinüber. Er zögerte, vergewisserte sich, dass ihn niemand beobachtete, und ich tat so, als hörte ich Chiara zu, während sie mir eine Anekdote über Agrippina erzählte, die ihrer gesamten Familie geschworen hatte, sie habe ein Lama am Strand gefunden, und alle zwang, nach draußen zu gehen, um »es mit eigenen Augen zu sehen«. Natürlich fanden sie nichts, und Agrippina versicherte, es müsse wohl geflohen sein, sie habe es gesehen, und es habe sie angespuckt, um ihr zu zeigen, wer der Dominante war. Im Hintergrund beobachtete ich noch immer Alfred aus dem Augenwinkel. Mein Rat hatte sich in seinem Kopf festgesetzt. Etwas »Verbotenes« tun. Warum es nicht mal versuchen? Er trat an den Tresen und bestellte den *caffè sospeso*, den Chiara gerade an die Tafel geschrieben hatte, unter dem Vorwand, er habe sein Geld vergessen. Das heiße Getränk, das er einem Unglücklichen weggeschnappt hatte, erfüllte ihn mit Scham wie ein Glas Alkohol. Doch das genügte ihm nicht, er war jetzt in Schwung, und als Mauricio ihm den Rücken kehrte, griff er nach dem Seidenschal, rollte ihn in seiner von der Aktentasche verdeckten Hand zu einer Kugel und ging ganz schnell hinaus; Chiara, die mit dem Rücken zu ihm saß, biss freudig in einen Windbeutel, und ich tat dasselbe, wobei mir ein wenig davon an der Nasenspitze hängen blieb. Als sie die Sahne in meinem traurigen Clownsgesicht sah, wurde ihr auf einmal klar, was ihren Bildern fehlte, um sie mit Leben zu füllen und um ihren Schmerz mit ihrer eigenen Geschichte und der Ironie zu verknüpfen, die sie von ihrer Großmutter geerbt hatte: Schals. Sie würde jeder toten Dame, die zu Hause auf sie wartete, einen Schal umbinden. Mit dieser Idee verknüpfte sich auch ihr Schicksal, sie war der Auslöser, der aus Chiara eine bedeutende zeitgenössische Künstlerin machen würde. Etwas in ihr beruhigte sich, etwas anderes, fast Ekstatisches, rührte sich. Sie schüttelte sich vor Lachen, schon so lange hatte sie keinen fröhlichen Laut mehr ausgestoßen, dass sie über ihr Lachen lachte und gar nicht mehr aufhören konnte. Das war ansteckend, und ich konnte nicht anders, als auch zu lachen, wobei ich Alfred ohne o beobachtete, wie er das Café mit dem gestohlenen Schal verließ.

Alfred wartete ab, bevor er losging, bis er sicher war, dass ihn niemand sah, dann legte er sich den Schal um den Hals wie ein Sieger eine Goldmedaille. Kaum dass die Seide seine Haut berührt hatte, sickerte all der Kummer, den Chiara darin hinterlassen hatte, in Alfreds Herz. Die Tränen stiegen ihm in die Augen, und er rief:

»Oh! Ich bin traurig, ich bin traurig! Das ist großartig!«

INTERMEZZO

Ich bin jetzt so alt wie mein Vater, als er starb. Überrascht stelle ich, mit Erleichterung und gleichzeitigem Schuldgefühl, an diesem Morgen fest, dass ich noch atme. Alle kommenden Tage sind eine Gnade. Ich gehe hinunter und trinke meinen Kaffee im Stehen am Tresen, weil meine Bank hinten im Café von lauter Schülern und ihrem Lehrer in Beschlag genommen ist, die einen Ausflug machen. Ich öffne meine Post mitten im Gewühl, es ist gerade Stoßzeit. Arme führen an den Körper gepresst die kleinen Tassen zum Mund, strecken sich nach einem Stück Gebäck oder wuseln herum, um Worte mit überzeugenden Gesten zu unterstreichen, und ich versuche, einen Briefumschlag zu öffnen. Es ist ein Tag im Mai 1995, durch eine Trauerkarte erfahre ich vom Tod Fernanda Livaris, geborene Valentini, der Dame mit der Krokodiltasche.

Fernandas Ehemann Benedetto war überrascht, als der Notar ihm mitteilte, er solle einem Franzosen meines Namens, von dem er noch nie gehört hatte, eine versiegelte Schachtel übergeben. Er wunderte sich auch über meine Adresse beim Café Nube, wollte aber lieber an einen Zufall glauben. Er schickte mir eine handschriftliche Notiz und teilte mir mit, dass er mich am Tag der Beerdigung erwarte, um mir das geheimnisvolle Erbe anzuvertrauen und damit den letzten Willen seiner Frau zu achten.

Es war eines jener Aufsehen erregenden Begräbnisse mit Reden, einem Chor und Fotos. Ich glaube, Fernanda hätte es gefallen. Der elegante Rahmen entsprach Fernanda derart, dass ich mutmaßte, sie hätte diesen düsteren Tag vor ihrem Tod selbst geplant. Schließlich würde man sich auf diese Weise für immer an sie erinnern. Menschen aller Altersgruppen waren vertreten, und mehrere hübsche junge Männer schienen die Verstorbene etwas abseits zu beweinen. Ich fragte mich, ob sie mit ihnen gespielt hatte, um sich für die Eskapade ihres Mannes zu rächen. Ihre Freunde standen wie die Orgelpfeifen da, schwarz gekleidet, sehr neapolitanisch, mit dunklen Haaren, dunkler Miene, dunkler Haut, und sahen aus wie eine Reihe verdrossener Raben. Die alten Leute klammerten sich an ihre besseren Hälften, schauten sich an und schienen sich zu fragen: »Wer ist wohl der Nächste?« Ich weiß nicht, ob ich alte Paare wirklich so reizend finde, diese Ansammlung von welker Haut und Bauchgeräuschen, an die sie sich gewöhnt haben, wie in einem Familiengrab, in dem lauter Körper zu verwesen beginnen. Ich war in den Anzug gezwängt, den ich mir von Mauricio geliehen hatte. Ich hatte das Gefühl, als beobachteten die Leute mich und fragten sich, wer ich sei, als würden sich alle kennen außer mir. Und vielleicht war das auch so. Ich hatte Fernanda noch ein paarmal wiedergesehen, ich weiß nicht, ob aus Sympathie oder weil sie sichergehen wollte, dass ich weiterhin schwieg. Diese Frau hatte derart meine Neugier geweckt und mich amüsiert, dass ich Hunderte von Zeichnungen von ihr gemacht hatte. Ich war zutiefst ergriffen, als man sie unter die Erde brachte.

Benedetto und ich sahen uns nach der Beerdigung während des Empfangs, den er zu Hause zu Ehren der Verstorbenen gab. Fernanda war geliebt und verehrt worden, viele Leute bevölkerten das Haus. Dort roch es noch nach dem Duft ihres teuren, schweren Parfums. Manche senkten den Kopf in Erinnerung an sie, aber viele erzählten sich Geschichten, die mit herzhaftem Gelächter endeten. Gerührt betrachtete ich einen Silberrahmen mit einem Foto von ihr aus jener Zeit, in der wir uns kennengelernt hatten, sie drückte ihre beiden damals heranwachsenden Kinder fest an sich, was mir die Tränen in die Augen trieb. Ich war mir damals nicht bewusst gewesen, dass sie nicht nur eine verliebte Frau war, sondern auch eine Mutter, die ihre Familie beschützen wollte. Benedetto erkannte mich selbstverständlich nicht wieder, Jahre waren vergangen, und ich hatte nur eine Nebenrolle in einer Geschichte seines Lebens gespielt. Ich beobachtete ihn eine Weile aus der Ferne, wie er die Menschen begrüßte und ihnen dankte. In solchen Situationen verhalten wir uns alle wie ferngesteuert und gehorchen den Konventionen. Er machte den Eindruck, als sei er wirklich unglücklich, ja am Boden zerstört; Fernanda war das Rückgrat seines Lebens gewesen, und seit seine Frau krank geworden war, ging Benedetto gebeugt. Heute konnte er sich kaum aufrecht halten. Es war offensichtlich, dass er sie nicht lange überleben würde. Ich ging auf ihn zu, solange er noch Kraft hatte.

»Ich bin Jacques. Der Mann, dem Sie die Schachtel übergeben sollen.«

»Ach ja, natürlich, Jacques, kommen Sie mit mir nach oben.«

Die Gelegenheit, etwas anderes zu tun, als Beileidsbekundungen entgegenzunehmen, holte ihn vermutlich aus seiner Lethargie, er richtete sich ein wenig auf und wirkte lebendiger.

»Ich kenne Sie nicht, und ich verlange nichts von Ihnen, weil ich Fernandas Willen respektiere, aber vielleicht könnten Sie mir erklären ...«

»Ich ... ich zeichne, und ich habe Fernanda eines Tages auf der Straße gesehen, ihr Gesicht hat mich völlig durcheinandergebracht, sie hat mir ein paarmal Modell gesessen.«

Da strahlte Benedetto.

»Könnten Sie mir ein Porträt von ihr zeigen?«

Ich versprach, ihm in der kommenden Woche eines vorbeizubringen. Er händigte mir die Schachtel aus, ohne weitere Fragen zu stellen, er dachte bereits an das wunderbare Blatt Papier, die paar Bleistiftstriche, die eine Brücke bilden würden, um die Zeit mit seiner Frau zu verlängern. Fernanda hatte in ihrem Testament erklärt, ich wüsste, an wen das geheimnisvolle Gut zu übergeben sei. Natürlich begriff ich die Anspielung sofort, aber ich hatte nicht die geringste Ahnung, was aus Silvia geworden war. Sie hatte sich genauestens an die

Forderung ihrer Rivalin gehalten und war für immer verschwunden.

Das dachte ich zumindest, aber im September des darauffolgenden Jahres, als ich hinten im Café Nube zeichnete, weckte eine bekannte Stimme meine Aufmerksamkeit. Es war unmöglich, sie anhand ihrer äußeren Erscheinung wiederzuerkennen, sie war zwanzig Jahre älter, weniger faltig und hatte sich die Nase richten lassen. Silvia war in Begleitung eines schönen, etwa dreißigjährigen Mannes erschienen, ausstaffiert mit einer Jacke, die zwar modisch daherkam, aber mit der er aussah wie ein Strandpächter, den eine seiner Kundinnen verkleidet hatte; und vermutlich war er genau das. Er konnte nicht verstehen, warum Silvia auf einmal so ergriffen war.

»Dieser Ort hat mein Leben verändert«, sagte sie zu ihm, während sie sich im Café umschaute, in dem sich nichts verändert hatte. Ich ging auf sie zu, sie fasste mich bei den Händen, und ich sagte ihr, ich hätte etwas für sie. Silvia folgte mir ohne ein Wort zu meiner Wohnung, und ich war ihr dankbar dafür, dass sie nichts sagte, wir wussten beide, dass es ein feierlicher Augenblick war. Der Strandpächter wartete, völlig beschäftigt mit seinem Handy, auf der Straße. Silvia betrachtete ihr altes Haus, als wäre alles kleiner geworden.

In der Schachtel befand sich keine Nachricht. Nur die Krokodillledertasche. Wir lachten bei ihrem Anblick. Silvia mit der Tasche am Arm weggehen zu sehen, rüttelte mich auf. Mein Leben verging, ohne dass ich es mit etwas Bedeutendem füllte. Die Leere hatte mich schon immer verfolgt, und jetzt, mit dreiundvierzig Jahren, hatte ich die Hälfte des Weges hinter mich gebracht, ohne dass mich irgendetwas von den anderen Menschen unterschied. Den ersten Monat meines neunten Lebensjahres war ich völlig niedergeschlagen gewesen, als ich realisiert hatte, dass die einzige Sicherheit im Leben dessen Ende war. Dass Liebe, Erfolg, Angst und Freude möglich waren, aber dass wir, wenn wir auf die Welt kamen, einen Pakt mit dem Tod eingingen, der unsere Träume beschlich, unsere Spiele, unsere Orgasmen, unser Lachen und unsere Hemmungen. Es war Opa Marcel gewesen, der mir das in den Kopf gesetzt hatte. Ich hatte ihn gefragt: »Wirst du sterben, Opa Marcel?«, und er hatte geantwortet: »Ja, wie wir alle, aber nicht heute Abend.« Wie wir alle ... Und dann hatte die Erkenntnis meiner eigenen Sterblichkeit sich in mich hineingebohrt. Etwas in mir wusste es bereits, aber ich hatte es nie ganz erfasst. Eines Tages würde ich aufhören zu sehen und zu atmen, ich würde mir nicht mehr über die Lippen lecken oder Übelkeit empfinden. Ich konnte nicht mehr einschlafen, ohne dass die Körper meiner Familienangehörigen und anderer Menschen, die ich kannte, von der Decke hängend durch meine Träume schwebten, die Füße nur ein kleines Stück über dem Boden. Ich bewegte mich zwischen diesen Phantombeinen und näherte mich kleineren Füßen, ich erkannte meine eigenen und schreckte auf. Nach mehreren furchtbaren Nächten wehrte mein Körper sich gegen den Schlaf, nach mehreren Tagen der Erschöpfung konnte ich nicht mehr zur Schule gehen. Ich erinnere mich noch genau an all das, aber nicht daran, wie meine Angst aufhörte. Hatte ich mich an den Gedanken, zu sterben, gewöhnt? Hatte man mich zu einem Arzt geschickt? Ich weiß nicht mehr, wie ich wieder ins Leben zurückfand. Was ich weiß, ist, dass ein Jahr später meine Schwester starb, und da wusste ich, dass es ernst war.

Manchmal denke ich, dass ein Teil von mir in vielen Häusern lebt, in all den Zeichnungen, die die Leute aus Neapel mit nach Hause genommen haben und auf denen ich einen glücklichen Moment aufs Papier gebracht habe. Wenn ich mit einer Karikatur beginne, frage ich mich oft, welches Tier sich in dem jeweiligen Menschen verbirgt, ein Wesen, das mit ihm verbunden ist. Es geht nicht nur um das Äußere, eine Annäherung, sondern ich habe oft festgestellt, dass unsere innere Haltung mit jenem Tier verbunden ist, das in uns verborgen ist und bereit dazu, in meinen Zeichnungen zum Vorschein zu kommen. Ich bin jetzt eine Eule. Ich werde alt. Nachts gehe ich langsamen Schrittes durch die Stadt, ich kneife die Augen zu, und endlich fühle ich mich zu Hause.

Anfangs konnte ich in Neapel stundenlang die riesigen Schiffe beobachten, wie große Gebäude, die auf mir unerklärliche Weise schwammen. Monster mit zig Stockwerken, deren Schornsteine im Hafen qualmten, immer abfahrbereit. Vermutlich, weil ich mir Neapel als einen Zwischenstopp in meinem Leben vorstellte. Und dann schaute ich nicht mehr allzu viel aufs Meer hinaus, die Stadt hüllte mich ein, und ich fügte mich dem offenbar, mein Körper war nicht länger auf Flucht eingestellt, ohne dass ich Worte dafür gehabt hätte. Passiert es so, dass wir uns irgendwo niederlassen? Indem wir vor der Untätigkeit kapitulieren, indem wir dem Kind, das wir einmal waren, keine Bewegungsfreiheit mehr lassen? Das hat mich dazu gebracht, mir die Leute so genau anzuschauen, sie waren mein eingebildetes Fortbewegungsmittel, sie boten mir die Möglichkeit, Gefühle zu erleben, während ich zusammengekauert in der Ecke des Café Nube sitzen blieb. Veränderung bedeutet immer Verzicht. Und ich war schon derart reduziert, dass ich das Risiko nicht eingehen konnte, einen Teil von mir aufzugeben. Ich fühlte mich wie das Ei aus der Legende des Castel dell'Ovo, der berühmten Festung auf der kleinen Insel Megaride im Golf von Neapel. Der Legende zufolge stützt ein verstecktes Ei das gesamte Bauwerk, etwas ganz Kleines, das einen zauberhaften Teil der Stadt im Gleichgewicht hält. Mit meinen Karikaturen, meiner guten Laune, meiner Art, die Leute zu beobachten und zu versuchen, sie zu verstehen und ihnen zu verzeihen, hatte ich das Gefühl, zu einem Teil des neapolitanischen Gewebes zu werden, mehr als zu einem Neapolitaner, eine Art Transplantat. Zugegebenermaßen war ich erforderlich für das Ökosystem des Café Nube, für die Stimmung dort, die Kulisse, dafür, die Geschichte des Cafés zu erzählen, aber ich war eben nur ein Ei.

Ich lernte Italienisch oder vielmehr Neapolitanisch, diese bildhafte, melodische, großherzige Sprache. Als Kind hatte mich die Geschichte des Turmbaus zu Babel traumatisiert, das riesige Gebäude, das die Menschen bauten, um Gott zu erreichen, der ihnen aus lauter Wut verschiedene Sprachen gab. Meinem Verständnis nach waren die Sprachen ebenso sehr geschaffen worden, um die Völker zu vereinigen, wie um die Menschheit zu spalten, und ich wollte in Neapel zu Hause sein, den französischen Akzent bis ins Letzte auslöschen und hierhergehören. Trotzdem nannte man mich im Café »den Franzosen«. Ich dachte: Ich muss diesen Ort kennen, als wäre ich hier aufgewachsen. Neapel muss mein Kindheitsfreund werden, ich muss mich daran erinnern, wie er hingefallen ist, an den Schorf, bevor sich neue Haut bildete, an seine Freuden- und seine Wutausbrüche. An jede Inschrift auf den Mauern. Ich muss vorgehen wie eine Drohne, die sich langsam entfernt, die mit Details beginnt und Neapel nach und nach als Ganzes erfasst, und nicht umgekehrt. Man kann eine Stadt nur begreifen, indem man sie Stück für Stück kennenlernt – zunächst eine Tür, dann ein Haus, dann eine Straße und die, die sie kreuzt und die wiederum die Wahrnehmung verändert, die man vorher davon hatte. Unten sind die Mauern angefressen von der Zeit. Sie sind gelb, ockerfarben, rosig. Darüber bergen hier und da Nischen steinerne Jungfrauen, von denen die Farbe abblättert, heilige Inschriften. Die Hausnummern fallen herunter, manche sind durcheinandergeraten, durch Zerwürfnisse oder durch Tausch, als entspräche Logik den Neapolitanern nicht, als machten sie daraus ein Täuschungsmanöver, um ihr unordentliches Leben schöner und klangvoller zu gestalten, wie ein Freuden- oder Schreckensschrei, der Aufsehen erregt. Im bunten Neapel liegen haufenweise Müllsäcke und das Erhabene dicht beieinander. Das Profane und das Heilige. Enge Straßenschluchten blicken auf Architekturschätze. Die Geräusche der Eisenbahn, der Schiffe, die kommen und gehen, und ich, der nicht weggeht, hypnotisiert von der Stadt, als wäre ich zu spät geboren. Nimmt man eine Abkürzung, kann man entweder in die Elendsviertel oder in sehnsüchtige Entzückung geraten. Auf meinen Wegen durch Neapel setze ich alles auf eine Karte.

Anfang des Jahres, kaum dass die Stadt sich von den Festtagen erholt hat, nimmt Neapel die Farben des Karnevals an, die Kinder sind verkleidet in der Stadt unterwegs und schmücken sie mit Luftschlangen und Konfetti, angesichts von Süßigkeiten wie *bombolini*, *cannoli* und *castagnole* trieft die Stadt nur so vor Zucker, hier im lebensprallen Süden muss die volkstümliche Freude sich Ausdruck verschaffen; zu den Osterfeierlichkeiten wird es wieder heller, an Karfreitag findet der Kreuzweg statt. Vormittags gehört der Besuch der Gräber zur neapolitanischen Tradition, und in jeder der vielen Kirchen in der Stadt wird der tote Christus geehrt; am Samstag treffen sich alle beim *struscio*, dem Stadtbummel entlang der Hauptstraßen, um ihre neuen Kleider zu präsentieren. Und am Ostersonntag lädt Mauricio mich zum Familienessen ein. Am Ostermontag wird verdaut, und die Verdauung kann durchaus bis zum Sommer andauern, bis die Schiffe kommen und mit ihnen die melodischen Sprachen aus aller Welt, im Juli steht die Festa del Carmine an, bei der symbolisch der Glockenturm der Basilika Santa Maria del Carmine Maggiore angezündet wird, im August wird bis zum frühen Nachmittag geschlafen, anschließend geht man mit dem Handtuch über der Schulter ans Meer; ich nehme die lange Treppe hinunter zum Strand vor der Zwillingsinsel La Gaiola, deren Felsen durch eine kleine Brücke miteinander verbunden sind; der Strand erstreckt sich zwischen Marechiaro und der Bucht von Trentaremi und blickt durch das schwindelerregende tyrrhenische Tor ins Unendliche. Manchmal springe ich am kleinen Strand Riva Fiorita mit Blick auf den Vesuv kopfüber ins Wasser oder auch mitten in der Stadt am Lido Sirena, unten an den kleinen verschwiegenen Treppen an der Via Posillipo, selbst wenn der September schon vorbei ist. Im Oktober wird den Seelen aus dem Fegefeuer die Ehre erwiesen, was von der Kirche verboten ist, aber nach wie vor heimlich praktiziert wird. Denn wer könnte schon den Pakt zwischen den Lebenden und den verlorenen Seelen ignorieren, bevor er nicht selbst im Paradies gelandet ist? Dafür müssen die Lebenden nur beten, im Gegenzug bitten sie um ein paar kleine Wunder.

Mach, dass Mama mich zur Party gehen lässt, dass das hübsche Mädchen mich anschaut, dass Oma nicht stirbt, dass ich im Lotto gewinne, dass mein Glied größer wird, dass ich einen Hering aus Kristall angele...

Und dann wird es kalt, im Dezember ist im Zentrum von Neapel überall Weihnachten, die Via San Gregorio Armeno verwandelt sich in einen einzigen riesigen Laden für Weihnachtskrippen, *il presepe napoletano*, schon wenn der Sommer sich dem Ende neigt, werden in jedem Haushalt die Figuren zu Szenen aufgestellt, und ich hoffe ganz naiv, selbst auch eine der Krippenfiguren einer Familie zu sein, der Zeichner von der Piazza del Mercato ...

Ich bin verliebt in Neapel, wie man verliebt ist in die Freiheit, und das, obwohl mein Leben sich ganz auf das der Stadt eingestellt hat.

DAS GESICHT,
DAS SICH BEIM SCHREIBEN VERÄNDERT
2009/2010

An meinem Geburtstag sah ich einen alten Mann hereinkommen. Er schaute, ob ein *caffè sospeso* an der Tafel
stand, bestellte ihn mit tiefer Stimme, setzte sich, öffnete sein Heft und begann zu schreiben.

Ich schenkte ihm keine weitere Aufmerksamkeit,
aber ich erinnere mich, dass ich mir selbst ganz deutlich
sagte: »Das bin ich in ein paar Jahren, immer ins Schreiben vertieft«, und mir die sehr spezielle Art merkte, wie
er seinen Stift hielt, fast an der Spitze, und ihn mit ruck-
artigen Bewegungen über das Papier zog. Dann wandte ich mich ab, und ich vergaß ihn. Mauricio bat mich,
zwei Gläser frisch gepressten Orangensaft zu probieren
und ihm zu helfen, die beste Sorte auszuwählen. Ich
war überrascht, dass er seine Entscheidung nicht anhand des Preises traf, aber er antwortete mir, er wisse
schon, wie er seine Kundschaft weiterhin zufriedenstel-
len könne und wie er seine Gewinnspanne berechnen
müsse, ich solle mich aufs Probieren konzentrieren und
ihm keine guten Ratschläge zur Geschäftsführung er-
teilen! Um seinen Gedankengang zu erläutern, stützte

er seine Argumentation auf die abstrusen Sprüche seines Großvaters. Ich brüllte vor Lachen wie schon zwei Generationen der Familie Licelle vor mir. Daraufhin erschien ein leises Lächeln auf dem Gesicht des alten Mannes, der schrieb und dessen Ausstrahlung mich jetzt erneut bannte. Mauricio war in Schwung und deklamierte: »Wer ein Motorrad stiehlt, geht im Juni tanzen«, »Wer guten Wein hat, hat auch einen guten Hund«, und das unvergleichliche »Bind dir die Schuhe oder borg dir ein Schaf«, über das Mauricio und seine Brüder sich schon in den urkomischsten Interpretationen ergangen hatten.

Diese witzigen Höhenflüge hinderten mich daran, den alten, über sein Heft gebeugten Mann aufmerksam dabei zu beobachten, wie er sich in eine Frau verwandelte. Dabei handelte es sich nicht um eine Wandlung, wie man sie vielleicht schon mal in Horrorfilmen gesehen hat, sondern um eine Art allmähliche Entfaltung, um eine Veränderung, die zu geschmeidigeren Gliedmaßen führte und zu Hüften, die breiter wurden, kaum dass sie sich auf der Bank niedergelassen hatten. So zumindest stelle ich es mir vor, denn ich habe ihn am Anfang beobachtet, dann vergessen, und später habe ich ihn wieder angeschaut. Die Dinge waren im Fluss, aber mir scheint, die Gesten verselbstständigten sich nach und nach, langes kastanienbraunes, lockiges Haar erschien, als hätte man ihm eine warme Decke über die Schultern gelegt. Ganz selbstverständlich. Ich wandte mich zu ihr, und ich lächelte sie an, weil ich ja nicht schreien konnte, aber ich hatte Angst. Vielleicht hatte ich letztlich nur geträumt, dass der Alte hereingekommen war? Vermutlich war es von Anfang an eine Frau gewesen? Oder ich hatte nicht gesehen, wie er aufgestanden und ihr Platz gemacht hatte? Sicher war, dass es sich um denselben Stift handelte und um dieselbe Art, ihn über das Papier zu führen, um dasselbe Heft. Die Person war von demselben Licht umgeben. Wie war das möglich? Vielleicht war es so, dass an meinen einsamen Geburtstagen – denn ich habe das Datum niemandem verraten, und diejenigen, die es kennen, sind tot oder weit weg – mein Unbewusstes mir einen Streich spielt, um die Leere in meinem Herzen auszufüllen? Mauricio ging mit den leeren Saftgläsern davon und schimpfte, weil er sich nicht erinnerte, welches ich lieber mochte, nun musste er noch einmal Orangen auspressen. Doktor Chen murmelte: »Bind dir die Schuhe oder borg dir ein Schaf!« Die Stammgäste am Tresen lachten sich schief darüber und die Person über dem Heft ebenfalls.

»Ich bin beeindruckt. Sie hören gar nicht auf zu schreiben, selbst wenn Sie nebenbei die Gespräche am Nachbartisch hören.«

»Wir Schriftsteller sind nur das Werkzeug einer Kraft, die durch uns hindurchfließt, das kennen Sie doch auch. Wir denken nach, wir konstruieren, wir glauben zu arbeiten, aber in Wirklichkeit sind wir nur eine Antenne, die auf eine Frequenz ausgerichtet ist, die man Inspiration nennt, wir schreiben nach Diktat. Man kann an die Literatur glauben, wie man an Gott glaubt oder nicht, aber es gibt Bücher ebenso, wie es Kirchen gibt, und das will doch etwas heißen, oder?«

Ich fühlte mich geschmeichelt, dass sie mich zu den Schriftstellern zählte, ich war nur ein Mann mit einem

Heft, nichts von dem, was ich produzierte, war je veröffentlicht worden. Ich sagte es ihr, um nicht anmaßend
zu sein.

»Ach was. Wir erkennen einander.«

Nach einer Stunde, die mir kurz vorkam, weil ich in ihrem Tempo schrieb, gratulierte sie mir zum Geburtstag
und ging. Wie war das möglich? Niemand wusste davon.
War es ein Witz, den meine Freunde geplant hatten,
weil ich ihnen diesen Tag verheimlicht hatte? Niemand
am Tresen schien mir besondere Aufmerksamkeit zu
schenken ... Hatte ich gerade die leibhaftige Inspiration
getroffen?

In dieser Nacht warf ich mich in meinem Bett hin
und her, paralysiert von der Vorstellung, es könnte
eine Fortsetzung geben, denn ich hatte das Gefühl, eine
Randfigur in einer Novelle von Edgar Allan Poe zu sein,
die Art Typ, der stirbt, weil er den Teufel auf frischer
Tat ertappt hat. Aber mehr noch als zu sterben hatte
ich Angst davor, dieses Wesen nie wiederzusehen. Wie
würde ich es wissen? Und was gab es dabei überhaupt
zu wissen? Ich empfand einen unglaublichen Drang, zu
schreien wie ein Wolf, und öffnete das Fenster sperran-
gelweit. Ich dachte, um diese Zeit wäre niemand auf der
Straße, und stieß ein »Wahuuuuwahuu...« aus, was mir
wahnsinnig guttat, da sah ich Doktor Chen nach oben
in meine Richtung schauen und entsetzt nach Hause
rennen.

Am nächsten Tag ließ ich mich, sobald das Café Nube
geöffnet hatte, auf der Bank nieder und wartete fieber-
haft. Ich war ein Jahr älter geworden, das Zählwerk hatte

sich weiterbewegt, und ich spürte das starke Bedürfnis, dass etwas in meinem Leben passierte. Ich fühlte mich allein in meinen Gewohnheiten, und ich wusste, dass die Schriftstellerin nicht zufällig da gewesen war. Ich dachte, wenn sie nicht wiederkäme, dann würde damit auch eine Hoffnung meines Lebens, ein potenzielles Buch, sterben. Niemand. Dieselben dusseligen Gesichter wie immer, aber kein Schriftsteller weit und breit. Und dann, um zehn nach fünf am Nachmittag, wurde mir auf einmal klar, dass ich gerade mit derselben, jedoch wiederum veränderten Person sprach. Dieselbe Besessenheit, dieselbe Ängstlichkeit, dieselbe Art, den Stift zu halten, und dieselbe Schrift; aber in der Verkörperung des heutigen Tages. Dieses Mal war es ein Mann mittleren Alters mit schütterem Haar und trauriger Miene.

»Wohnen Sie in der Nähe des Cafés? Ich habe Sie vorher noch nie gesehen.«

Ich sah, wie sie (denn in diesem Augenblick war sie zweifellos eine braunhaarige Frau mit unerbittlicher Ausstrahlung geworden) überlegte, so wie man sich nach einem langen Tag fragt, wo man seinen Wagen geparkt hat.

»Ich weiß es nicht mehr«, sagte sie zu mir, ein wenig verlegen. »Ich weiß nicht mehr, wo ich wohne.« Ich merkte, dass sie ehrlich zu mir war. »Das ist ärgerlich, denn ich muss gleich nach Hause.«

»Soll ich Ihnen helfen? Möchten Sie jemanden anrufen?«

Ich stellte mir eine außergewöhnliche Form von Alzheimer vor, die sie, während sie vergaß, wer sie war, gleichzeitig verwandelte, aber sie beruhigte mich.

»Ich ziehe häufig um, ich weiß nie, wo ich bin, wenn ich aufwache. Ich öffne die Augen, und ich entdecke mein Leben jeden Tag aufs Neue, das ist eine wunderbare Unbequemlichkeit, im wahrsten Sinne des Wortes, denn Entdecken bedeutet Verwunderung.«

»Ich habe lange aus meinem Rucksack gelebt und Veränderung geliebt, und trotzdem bin ich inzwischen sesshaft. Ich wohne seit ganz vielen Jahren über dem Café. Ich habe mein Heimatland verlassen, und ich glaube, ich brauchte einen Ankerplatz ohne Vergangenheit, ein Land, das unberührt von meiner Familie war …«

»Franzose also? War mir doch so, als hätte ich einen leichten Akzent gehört … Aber es ist gut, irgendwo zu wohnen, Sie müssen sich nicht dafür entschuldigen. Man tut das, was einem selbst möglich ist, das, wovon wir denken, es entspricht uns. Es gibt kein besseres oder schlechteres Leben, nur unterschiedliche Leben.«

»Und warum können Sie nicht am selben Ort bleiben? Falls die Frage nicht indiskret ist …«

Sie holte tief Luft.

»Ich habe eines Tages begriffen, dass das viele Umziehen vermutlich dazu da ist, den Tod abzuhängen. Einerseits symbolisch, weil ich immer in Bewegung bin, ich beginne ein neues Leben, also kann es nicht sofort unterbrochen werden, andererseits im eigentlichen Sinne, der Tod kennt meine Adresse nie, ich selbst vergesse sie regelmäßig. Trotzdem weiß ich gern, wer an den Orten, die ich besetze, gelebt hat und gestorben ist. Die Phantome haben einen wichtigen Platz in meinem Leben, und mit ihnen spreche ich auch meistens, wenn ich in meine

Wohnungen komme, die immer verschieden sind, aber stets ohne andere Lebewesen. Die Veränderung ist das Einzige in meinem Leben, das von Dauer ist.«

»Ich werde Ihnen ein Geheimnis verraten. Sehen Sie diesen Tisch? Er wird Tisch 13 genannt. Nur Ausländer können sich dort hinsetzen. Es ist ein Platz, der dafür bekannt ist, dass er Unglück bringt. Wenn Sie den Tod abhängen wollen, dann setzen Sie sich nicht dorthin.«

»Ich bin in Neapel geboren worden, darum steckt lauter Aberglaube in mir, und den von Tisch 13 nehme ich auch noch dazu.«

Sie erzählte mir, ihre Mutter heiße Livia. Man habe sie so genannt, weil sie als Baby unter der Statue der Livia in der Villa dei Misteri gefunden worden sei – einem antiken romanischen Gebäude, das dreihundert Meter von der Porta di Ercolano entfernt liegt, in der Nähe von Pompeji. Ich ärgerte mich, dass ich es nicht mit Doktor Chen besichtigt hatte, aber ich erinnerte mich gut daran, was der Reiseführer dazu erklärt hatte: Es sei berühmt für seine Fresken, die einen Raum schmücken und detailliert die Einführung einer Frau in die Mysterien des Dionysos-Kultes zeigen. Der Vater der Schriftstellerin war durch die Straßen geirrt, als er etwa zwei oder drei Jahre alt war, er hatte sein Geburtsdatum nie erfahren, man wusste nicht, ob er von zu Hause weggelaufen war, ob seine Eltern tot waren oder lebten, ob sie ihn in ihrem Schmerz gesucht oder verlassen hatten. Sein ganzes Leben lang war ihr Vater von einem Gefühl ins andere gekippt, je nachdem, wie er sich den vergessenen Teil seines Lebens gerade vorstellte. Die Fischverkäuferin aus der Via Cesare Carmignano hatte ihn gefunden und gedacht, Gott habe ihr das Kind geschickt, das sie selbst nicht empfangen konnte, und sie hatte ihn Gesù genannt. Sie überschüttete ihn mit Aufmerksamkeit und Liebe, aber in der Schule wurde er von seinen Klassenkameraden trotzdem Bastard genannt. Livia, das Mündel der Nation, trug den Beinamen »die Hexe«. Als Jugendliche liebten Gesù und Livia sich und dachten, sie könnten das Schicksal bannen und eine Familie gründen, eine Geschichte beginnen, endlich Wurzeln schlagen, aber sie starben bei einem Verkehrsunfall und hinterließen ein zehnjähriges Kind. Ihre Tochter liebte Neapel leidenschaftlich wie einen eifersüchtigen Liebhaber. Sie wusste, dass sie weggehen musste, um dem Fluch der Familie zu entkommen, aber sie war darin gefangen wie in einem Spinnennetz.

Das alles klang frei erfunden, aber ich hatte Lust, ihr zu glauben, weil sie so gut erzählen konnte. Sie erklärte mir, dass Neapel die Hauptfigur ihres Romans und ihre Figuren alle mit einem Makel behaftet seien, weil sie nur so den Eindruck von Wirklichkeit vermitteln könne; sie wiederholte mehrfach, alle Wesen hätten eine schwache Seele, und Neapel, die schizophrene Stadt, dreckig und erhaben, alt, verunstaltet und majestätisch, verkörpere die menschliche Essenz und sei ein getreues Abbild der Person, die sie zu sein glaubte.

»Darum schreibe ich über Neapel, verstehen Sie? Um mich eines Teils meiner selbst zu entledigen, um ein neues Leben beginnen zu können.«

»Und was machen Sie dann damit?«

»Das ist eine gute Frage. Ich denke, ich werde es erst wissen, wenn der Roman fertig geschrieben ist. Im Moment bin ich von zu vielen Geschichten blockiert. Es ist, als würde ich heimgesucht und als würden meine Phantome mich benutzen, um ihre Aufgabe zu erfüllen.«

»Ich glaube, Künstler sein bedeutet, heimgesucht zu werden. Man denkt, es spukt nur in Häusern, aber es geschieht auch mit Menschen, heimgesuchte Menschen werden Schriftsteller.«

»... oder verrückt. Häufig auch beides zugleich. Meine Mutter war Schneiderin, sie sprach nur Neapolitanisch. Sie konnte nicht lesen. Wenn ich von der Schule nach Hause kam, mochte sie es gern, wenn ich ihr vorlas. Sie sagte zu mir: ›Ich verstehe gar nichts, aber mach weiter, das ist schön.‹ Und an diesen Tagen schien es mir, als würde sie anders nähen. Sie hatte ein sehr schweres Leben, sie war Jüdin und stammte aus Polen, sie war vor den Nazis aus Deutschland geflohen.«

»Aber ... ich dachte, sie sei unter einer Statue gefunden worden.«

»Hören Sie auf, alles zu glauben, was man Ihnen erzählt, Jacques! Die Statue der Livia wird gar nicht in der Villa dei Misteri aufbewahrt!«

Ich wusste nicht, was ich sagen sollte. Sie sprach weiter:

»Und Sie, was sucht Sie heim?«

»Liebeskummer.«

Nach einer Woche verstand ich, dass die Verwandlung sich nur bei zwei Gelegenheiten vollzog: wenn der Autor anfing, seinen Kaffee zu trinken, und wenn sie das Café Nube verließ. Es erschien mir offensichtlich, dass die Person, die den *caffè sospeso* am Tresen spendiert hatte, dort vermutlich etwas von ihrer Seele zurückließ. Der Schriftsteller war davon erfüllt und bildete Gedanken und Gefühle nach, die er nie selbst durchlebt hatte. Rund um die Piazza del Mercato fand man im siebzehnten Jahrhundert die Marmorbüste einer Frau, die so kräftig gebaut war wie ein Mann. Die Büste war sehr alt. Man vermutete, dass es sich um die Sirene Parthenope handelte, aber die Neapolitaner nannten sie Marianna, 'a Capa 'e Napule. In Anlehnung an die Marianne der Französischen Revolution machten sie sie zu einem Wahrzeichen. Tatsächlich gleicht sie der Stadt, lauter Gegensätzen, die ein Ganzes bilden. Die männliche Weiblichkeit der Marianna ist die Zusammenschau all der Widersprüche Neapels, die Anlass sowohl zu Verehrung als auch zu Hass bietet. Und genau das war vermutlich auch dieser geheimnisvolle Autor: zwei Seiten derselben Medaille.

»In der Cappella Sansevero gibt es eine Christus-Skulptur von Giuseppe Sanmartino. Sie ist derart zierlich, derart detailliert, dass die Leute sagen, es sei ein echter Schleier gewesen, der sich mit der Zeit verwandelt habe, wie bei einem chemischen Prozess. Jeder erklärt die Eigentümlichkeit von Inspiration und Talent auf seine Weise.«

»Können … Können Sie hören, was ich denke?«

»Seien Sie nicht lächerlich.«

Ich reichte ihr also meinen Kaffee, sie trank ihn, und mein Gesicht erschien auf ihrem. Da begann sie, ein prägendes Ereignis aus meinem Leben in ihr Heft zu schreiben, und ich sah es vor meinem inneren Auge vorbeiziehen.

Ich kam unangekündigt am 22. November 1980 an, um die Frau wiederzufinden, die mich im Sommer in der Verdon-Schlucht an Leib und Seele erschüttert hatte. Zwischen dem

*Styx, dem Pont de Soleils und dem Ort namens l'Imbut, wo
wir uns trennten, liebten wir uns hundert Mal in einem Dop-
pelschlafsack. Es hatte vor diesem winzigen Wasserfall begonnen wie in einem schlechten amerikanischen Film. Wir hatten
uns weiter oben unterwegs getroffen. Sie war wohl etwa zehn
Jahre älter als ich und hatte den stolzen Kopf mit den braunen
Locken nicht gesenkt. Bis dahin hatte ich mich immer nur von
Männern angezogen gefühlt. Ich spürte, wie ich errötete, und
als ich sie überholte, streichelte mich ihr Blick. Monica war
direkt: »Du bist schön.« Ich hörte nichts; das Geräusch des
Wassers war raumgreifend, meine Beine zitterten. Sie küsste
mich, ohne eine Antwort abzuwarten, und nahm mich bei der
Hand. Mit Monica zu schlafen war wie ein Gewitter mitten
im Juli: der Donner, der die Dramatik ankündigt, der Himmel, der sich verdunkelt und ein außergewöhnliches Grau an-
nimmt, der wohltuende Regen nach der Hitze, die plötzliche
Gänsehaut und die Angst, dass die Nacht über den Sommer
hereinbrechen könnte. Für immer. Sie verschlang mich wie ein
abgerichtetes Raubtier mit ihrer ausschweifenden Lust, und
ich ließ sie gewähren, betäubt, unschuldig, erobert, ergeben.
Ich hätte dem Styx du Verdon misstrauen sollen, dieser my-
thologischen Metapher: Tochter der Finsternis und der Nacht,
Übergang zur Unterwelt. Wir hatten uns alles versprochen,
und dann hatte die Kälte Einzug gehalten. Als ich im Oktober
mehrmals anrief, war sie einmal rangegangen, sie war reizend
gewesen am Telefon, freundlich, höflich, was schmerzhafter
war als Boshaftigkeit, die Leidenschaft schien so weit weg.
Sie antwortete ausweichend, ich wusste, dass sie geschieden
war, ich meinte eine Kinderstimme zu hören, ich stellte Ver-
mutungen an, ich erfand Dinge, ich träumte. Alles erschien
mir auf einmal sterbenslangweilig. Ich schlurfte durch das
graue Paris, und ich suchte nach Pfützen, für den Fall, dass*

sie etwas von ihrem Spiegelbild auf meinem hinterlassen hatte. Durch das halbrunde Fenster knabberte der Herbst an der klaren Erinnerung, die ich von den Wölbungen ihres Körpers meinte bewahren zu können. Als der Winter kam, verkaufte ich all meine Bücher in einer Buchhandlung auf dem Boulevard Saint-Michel zum halben Preis, gab meine Anstellung als Assistenzprofessor für Literaturwissenschaft an der Sorbonne auf, kündigte den Mietvertrag für mein Dienstzimmer und legte das, was ich besaß, in einen braunen Lederkoffer, ich hatte kein Ticket, aber ich fuhr zum Flughafen. Ohne dass ich dem Taxifahrer meine Lieblingsroute gesagt hätte, fuhr er mein Leben in umgekehrter Richtung ab. Meine letzte Einzimmerwohnung, Rue de Courcelles, das Restaurant an der Ecke, wo ich mich mit Martin aus Bequemlichkeit verabredet hatte, ohne zu ahnen, dass aus diesem Pflichttermin Liebe entstehen könnte, das Haussmann-Gebäude meiner Kindheit in der Rue Jouffroy, an dem ein Schild den Verkauf mehrerer Wohnungen ankündigte. Auf der Caféterrasse saß ein junger manierierter Mann der Sorte, für die ich noch vor ein paar Jahren gestorben wäre und die inzwischen leichte Verachtung in mir weckte. Dann bogen wir nach links ab und fuhren weiter durch die Rue Alphonse de Neuville, ich sah mich als Jugendlichen, und der weiße Peugeot raste Richtung Porte d'Asnières. Bis zum Flughafen. Ich führte innerlich lauter Gründe gegen meine nostalgischen Gefühle an und versuchte, mir die Bewegung des Autos zu eigen zu machen, um nicht die Lust zu verlieren, wegzugehen, um »nach vorne zu schauen«, wie die Alten sagen. Es war ein kalter Abend, dessen Farben den Frühling vortäuschten; er ähnelte mir. Als der Fahrer meinen alten Koffer aus dem Wagen hob, hatte ich das Gefühl, einem Teil meiner selbst Auf Wiedersehen zu sagen.

Am nächsten Tag kam ich in Neapel an. Ich hatte auf dem Flughafen schlafen und den Morgenflug abwarten müssen. Ich hielt meinen kleinen Notizzettel mit Monicas Adresse fest in der Hand, aber ich konnte sie nicht finden. Ich irrte den ganzen Tag durch die schneebedeckten Straßen, dann war ich hypnotisiert von der Kassettendecke der Kathedrale. Als dort geschlossen wurde, setzte man mich auf die Straße, die so weiß war wie die Marmorfassade des Gebäudes. Ich hatte das Gefühl, ein bisschen zu sterben. Ich wusste nicht, dass man in Neapel so sehr frieren konnte. Völlig durchgefroren zeigte ich mein Stück Papier bei Sonnenaufgang einem zahnlosen Mann. Sein breites Lachen offenbarte seinen rosa Kiefer. Monica wohnte eine Stunde mit dem Bus entfernt, in Monteforte Irpino, das stand auch auf dem Zettel, der Mann unterstrich es mehrmals mit seinem Finger: »Voi vedete? Monteforte Irpino!«

Monica hatte mir gesagt, sie lebe in Neapel, das hatte ich mir gemerkt; man sucht sich immer die passende Wahrheit. Der Mann begleitete mich zur Bushaltestelle, er wartete mit mir bis zur Abfahrt und winkte mir nach, als verabschiedete er einen Neffen auf eine lange Reise. Als ich zwischen Wäldern und Bergen ankam, weit weg vom Meer, das ich gerade zurückgelassen hatte, bewunderte ich das Castello di Monteforte, wie ein Prinz, der kommt, um seine Geliebte aus einem Burgturm zu befreien. Ich war wieder bei Kräften, aber ich verlief mich unaufhörlich in den Dorfstraßen. Auf dem Plan vor dem Rathaus war die Straße hinter einem Platz ausgewiesen, aber sobald ich mich umwandte, war da nur die Straße des Schicksals, die »Via del Destino«, als machten die Götter sich über mich lustig. Ich rief Monica aus einer Telefonzelle an, aber sie nahm nicht ab, ich war beschwingt und begierig darauf, sie zu küssen und ihr zu sagen, dass ich alles zurückgelassen hatte, damit wir uns nicht mehr trennen mussten. Und indem mein Schwung ausgebremst wurde, erwachten die Angst und das Gefühl meiner Lächerlichkeit. Was sind schon Sommerversprechen wert? Erinnerte sie sich überhaupt noch an meinen Namen? Und wenn sie nun im selben Augenblick nach Frankreich gefahren war, um mich wiederzufinden? Würden wir das je erfahren? Die Kirchenglocke schlug neunzehn Uhr. In meinem schlampigen Italienisch und aus einem Überlebenswillen heraus fragte ich eine alte Frau, die schön wie ein Gemälde war, wie ich zur Straße meiner Geliebten käme, und sie erklärte mir in perfektem Französisch den Weg. Man musste nur einen Durchgang kennen, der aussah wie der Vorbau eines Gebäudes, aber in eine Sackgasse mündete. Ich hätte der Sache misstrauen sollen, denn Orte tragen alles in sich; die Kulissen unseres Lebens warnen uns vor dem, was passieren wird.

Schließlich fand ich den Eingang zu ihrem Haus. Es war bei Einbruch der Dunkelheit, von der ich mich eingehüllt fühlte, als würde sie mich beschützen. Lustlos stieß ich die Tür auf, wahrscheinlich war mein Mut verflogen, weggeflogen in das Herz eines anderen. Meine Beine schlotterten angesichts des verblassten, schlossartigen und gespenstischen Hauses. Man hätte meinen können, dass mir ganze Jahrhunderte enttäuschter Liebe ins Gesicht lachten wie ein Opernchor. Hier konnte sich nichts Gutes ereignen. Und trotzdem war ich genau hier. Genau hier fand mein Leben statt. Ich ging weiter. Ich durchquerte einen marmornen Eingangsbereich mit abgenutzten Samtsitzbänken, dann trat ich in ein riesiges Schlafzimmer. Alles stand offen. Auch die Fenster, damit Luft durch die Vorhänge hereinkam, obwohl es sehr kalt war. Wie in einem Traum schienen die frei zugänglichen Räume ihr Spiel mit *mir zu treiben, und nichts wirkte wahrhaftig; ganz besonders Monicas Körper auf dem eines fremden Mannes und die bekannten Worte, die sie in derselben Weise wie zu mir zu einem anderen sagte.*

Als ich hinausging, gab der Boden unter meinen Füßen nach. Ich versuchte, der Erschütterung standzuhalten, wie an Bord eines Schiffes im Sturm, Neapel und seine Schwesterschiffe schaukelten. Einen Moment lang hörte es auf, dann geriet die Erde erneut in Panik, wie ein Schluckauf nach heftigem Weinen. Ich fiel mit dem Gesicht auf das Straßenpflaster, das vollkommen außer Rand und Band war. Das Erdbeben von Irpinia war eines der heftigsten in der Region und forderte fast dreitausend Tote rund um die Stadt.

Der Schriftsteller kam wieder zu Atem und hob seinen Stift vom Blatt. Dann setzte ich die Geschichte flüsternd fort:

»Ich richte mich auf. Um mich herum sind Häuser eingestürzt, Kronleuchter, ein leerer Buggy, ein Kühlschrank, ein Kind allein im Schlafanzug, die Kehle leer geschrien. Das Haus von Monica ist heil inmitten einer verwüsteten Welt, und ich weiß nicht, ob mich das anwidert oder erleichtert. Auch Jahre später bin ich noch immer dort, alles wie in Zeitlupe, ein Teil von mir ist erstarrt in der klaffenden, löchrigen Straße voller heruntergefallener Steine, voller Ziegel, Blut, Schund und Zeug. Und sie? Gerettet und sicher an den Körper eines anderen geklammert. Ich richte mich noch heute auf, versuche, aufrecht aus diesem Tag hervorzugehen.«

Sie trinkt noch einen Schluck Kaffee, um meine Gesichtszüge nicht zu verlieren, und beginnt wieder zu schreiben:

Ohne nachzudenken, ging ich zu den Feuerwehrleuten und schloss mich den Helfern an, die sich zusammengefunden hatten, gerettet aus der Menge derer, die der Schutt gefangen hielt, mit versteinertem Gesicht, ganz weiß, wie tot, wie neu. Es war schrecklich kalt. Auf den Schnee folgte Regen, es fror, überall war Schlamm. Die ersten Nächte schlief ich in Zelten mit denen, die alles verloren hatten, ich selbst hatte auch nichts mehr. Der heilige Januarius, der in der Schatzkapelle in der Kathedrale beerdigte Schutzpatron Neapels, der die Lava bei einem Ausbruch des Vesuvs stoppen, Pest und Cholera heilen und die Stadt vor jeglichem Erdbeben beschützen soll, hatte aus Rührung über meine gefrorenen Tränen für anderthalb Minuten seine Wache vernachlässigt. Die Erde hatte gegrollt. Statt sich deshalb von Gott abzuwenden, hatte es die Italiener in ihrer Vorstellung bestärkt, dass sie ihn vermutlich enttäuscht hatten und ihm nun näher sein mussten als je zuvor. Vor mir stand ein Stück Wand, der einzige Überrest eines Hauses, mit abgenutzter Tapete, zwei gerahmte Familienfotos hingen noch immer daran. Ein Hochzeitsfoto und eine Gruppe von Leuten, die alle ihre schönsten Kleider trugen. Die Tragödie schleicht sich gern in die menschliche Eitelkeit ein. Stillschweigend hoben wir Bretter und Trümmer hoch und glaubten daran, dass wir darunter Überlebende hören würden; Menschen, die noch am Leben und unter ihren eigenen Häusern begraben waren, die dabei waren, die Hoffnung auf Licht aufzugeben. Benommen lief ich herum und horchte, und da hörte ich ein Stöhnen, das Geräusch war ganz schwach, aber ich war sicher, dass sich dort ein Lebewesen unter dem Schutthaufen befand, auf dem ironischerweise eine hübsche Tür prangte. Ich gab der einzigen Person, die ich ringsherum erblickte, ein Zeichen, und auf diese Weise traf ich Mauricio. Zusammen retteten wird ein Kind, das unter der Leiche seines Großvaters noch atmete. Wir kannten uns nicht, aber in unserer Hartnäckigkeit und der Art, wie wir das Kind vorsichtig bargen, in dem Blick, den wir tauschten, als ich die reglosen Augen des Alten schloss, begegneten und erkannten wir uns. Mauricio sprach ein bisschen Französisch, es gelang uns, uns zu verstehen. Er war ein paar Jahre älter als ich und nahm sofort die Haltung eines großen Bruders ein. Wir brachten den kleinen Jungen zu den Helfern. Niemals werde ich sein Gesicht vergessen. Danach folgte ich Mauricio. Im Zelt mischten sich die wenigen Retter mit den Überlebenden, und ich wusste nicht mehr recht, zu welcher Gruppe ich gehörte, wir aßen Suppe, eine ziemlich trübe Minestrone, die nur nach Salz und dem schmeckte, was gerade aufzutreiben war. Wir ruhten uns eine Stunde aus und gingen dann wieder los, um einen Stein nach dem anderen hochzuheben, wobei wir unsere Werkzeuge so wenig wie möglich einsetzten aus Angst, damit lebendige Haut zu verletzen. Inmitten des Dramas verstärkte sich das Gemeinschaftsgefühl. Die staatliche Hilfe ließ auf sich warten. Die Straßen waren blockiert, die Not war unermesslich. Leute wie ich, die einfach so halfen, wurden Engel genannt. Wenn wir Pause machten, erzählten mir die anderen von allem, was ich niemals kennenlernen würde, von allem, was ich von Neapel und den umliegenden Dörfern niemals gesehen hatte, von den Schätzen, den Kirchen, den hundertjährigen Bäumen, den Blicken aus ihren Fenstern auf die Berge, die in den Himmel ragten, von den Jungfrauen-Statuen, dem Restaurant eines Cousins; all das war von nun an verschwunden. Ebenso wie der Geruch ihrer Eltern und Großeltern, die Fußbodendiele, die knarzte, die Wiege, in der vorherige Generationen eingeschlafen waren, die Schränke, in denen unsichtbare Erinnerungen aufbewahrt wurden. Die zerstörte Vergangenheit verlieh der Zukunft etwas Fragiles. Sie brachten mir auch den Dialekt bei und lachten über meine Aussprache. Es tat mir gut, endlich ein Mensch zu sein, während Monica, die ich liebte, mich verleugnet, mich zu einem Phantom gemacht hatte und selbst ungerechterweise vom Schmerz verschont geblieben war.

Was sollte ich nur mit dieser Frau machen, die mein Herz so blockierte? Die nicht einen Meter zurückwich, die auf meine schwachen Momente lauerte, um wie der Teufel aus der Kiste zu springen und mich immer wieder mit der Erinnerung an ihre Schönheit zu verletzen, an ihren mit Leberflecken gesprenkelten Nacken, an ihre Küsse. Ich schämte mich, weil die anderen meinen Kummer für Mitgefühl hielten, das aber nur ein kleiner Teil davon war. Man betrachtete mich mit Wohlwollen, ich blieb da, um dort zu helfen, wo ich niemanden kannte. Ich ging Beziehungen ein, wo alle Verbindungen in der Schwebe hingen, kurz vorm Zerreißen, wie eine Schnur, an der ein zu großes Gewicht hängt. Die Umgebung war ebenso verwüstet wie mein Herz, aber darin reifte auch eine Zukunft, die ich mir damals noch nicht vorstellen konnte. Einen Fuß vor den anderen zu setzen, in der folgenden Minute immer noch zu atmen, das genügte mir. Schwestern in Ordenstracht zogen über die untröstliche, chaotische, dreckige Erde, und während sie Hoffnung, Zuneigung, Lebenswillen verbreiteten, suchten manche von ihnen einfach nur etwas zu essen. Sie waren verhärtet, als verschwände die Vergangenheit, die wie Staub auf ihnen lag, noch nicht einmal durch Weihwasser.

Wir sind nichts als eine Hand, die man jemandem reicht oder die man ergreift. Wenn die Erde bebt und das Leben vergeht, vergrößert all unser Krimskrams die Trümmerhaufen nur noch. Seit jenem Tag habe ich mir nichts Materielles mehr gewünscht.

Ich bin nie wieder nach Monteforte Irpino zurückgekehrt, um nachzusehen, was in der Sackgasse hinter der Straße des Schicksals passiert ist. Ich bin zusammen mit Mauricio nach Neapel zurückgegangen, der dort lebte. Er war nur zu Besuch gewesen, um nach einer alten Tante zu sehen, die bei der Tragödie starb. Ich verkaufte die Armbanduhr meines Großvaters im Pfandhaus, den einzigen Gegenstand, der mich noch mit der Erinnerung an meine Familie verband. Sie verschaffte mir vier Monate Freiheit, um herauszufinden, wer ich werden konnte. Ich weiß nicht, ob Monica mit ihrem Goldfischgedächtnis sich an die folgende Geschichte erinnert. Vielleicht ja, weil sie ihr gefallen hatte, als ich sie ihr erzählte: die Geschichte eines Künstlers, der eine Skulptur geschaffen hat und sie an immer neuen Orten auf der Welt aufstellt. Einfach so, ganz umsonst. An unzugänglichen Orten, an denen er sie eine Weile stehen lässt, bevor er sie woanders hinbringt. Sie hatte das schön gefunden; auch mir gefiel die Vorstellung, und ich hatte gerade erst verstanden, warum. Das Faszinierende daran ist, dass in einer Skulptur die Zeit stillsteht, sie verkörpert Unbeweglichkeit, Unberührtheit, während Reisen einen verändert und wachsen lässt. Als bewahrte man seine Kindheit, seine Reinheit und machte dabei gleichzeitig Erfahrungen. Leben, ohne jemanden zu verletzen, weder sich selbst noch andere, ohne sich zu verändern. Das, was alle wollen, aber was unmöglich ist, wieder träumen und ein unvoreingenommenes Herz besitzen. Ehrlich gesagt denkt man bei jeder Liebesgeschichte, man sei eins mit dem anderen, und dann erinnert uns das Leben daran, dass wir allein sind auf unserer Reise. Aber manchmal, manchmal … Und ich hoffte, ich wäre dieses Manchmal.

Ich dachte, ich würde ein wenig in Neapel bleiben und an-
schließend nach Frankreich zurückkehren, aber ich habe die
Stadt nie verlassen können, die zur selben Zeit gelitten hatte
wie ich und mir zeigte, dass unsere Herzen im selben Takt
schlugen, noch nicht einmal die Wohnung habe ich verlassen,
die ich für ein paar Monate über dem Café Nube gemietet hatte.

Während sie schrieb, zeichnete ich ein Selbstporträt, indem ich sie betrachtete; als ich ihr das Blatt Papier reichte, verwandelte sich ihr Gesicht und kam zu mir zurück.
Da schien ein Blitz auf; ich lachte darüber, um nicht zu
schreien, denn es war wie in einem Gruselfilm. Heftiger
Regen prasselte plötzlich auf das Kopfsteinpflaster.

Sie verließ das Café sicheren Schrittes, sie schien ihren Weg wiedergefunden zu haben. Ich sah, dass sie ein
Buch auf dem Tisch vergessen hatte, und lief ihr hinterher, aber als ich ihr die Hand auf die Schulter legte,
war es eine vollkommen andere Person, die Angst vor
mir zu haben schien. Ich stammelte »Entschuldigung«
und kehrte um.

Sie kam erst einen Monat später wieder, aber unsere
Vertrautheit war ungetrübt. Sie lächelte und beugte sich
dann über ihr Heft. Sie war eine rundliche Dame mit
einem Knoten.

»Geht es gut voran mit Ihrem Roman?«
    Sie begnügte sich mit einem Kopfnicken.
    »Wovon handelt er?«
    »Von Freundschaft. Von zwei kleinen Mädchen, die
sich lieben, obwohl eigentlich nichts dafürspricht. Zwei
außergewöhnlich intelligente Neapolitanerinnen, die in

unterschiedlichen Welten groß werden, und ich schaue ihnen beim Aufwachsen zu.«

»Das ist schön.«

»Nein, das ist wunderbar und schmerzhaft, aber es ist nicht schön. Stellenweise ist es grausam. Ich erzähle von einer Freundschaft, die unfrei macht, von Bindungen, die mal bestärken und mal einengen, wie Umarmungen von verschiedenen Menschen derselben Familie. Eine Freundschaft wie ein Zerrspiegel, der einen verletzt, weil man nie das Gesicht des anderen hat und es immer mehr liebt als das eigene.«

Ich hatte immer den Eindruck, dass die alte Dame – die manchmal schlagartig ein Mann war – wie im Fieberrausch schrieb und dass sie ihren Sätzen eine Art ansteckende Trance verlieh, einen Rhythmus, der ihre Leserinnen und Leser in den Bann schlagen würde. Ich hätte alles gegeben, um zu lesen, was der rätselhafte Autor in sein Buch schrieb.

»Ich kann mich nicht an einen festen Körper binden, verstehen Sie, ich bin wie meine Figuren, ich verändere mich, ich bewege mich, ich bin erkennbar, ich bin da, aber ich bin auch in der Lage, all die Figuren zu sein, die meine Leser sich später vorstellen werden, und niemand wird der Hauptfigur dasselbe Gesicht geben.«

»Wären Sie gern ein Kind?«

»Ich habe Ihnen doch gerade gesagt, dass ich zwei kleine Mädchen bin. Ich weiß nie, ob ich veröffentlicht werde. Ein Buch habe ich schon herausgebracht, aber ich bin kein bekannter Autor, und außerdem ist es mir nicht wichtig. Ich habe darum gebeten, anonym zu bleiben, und das scheint kein Problem zu sein, denn alle Welt pfeift auf meine Romane ... Ich schreibe trotzdem, ich habe keine Wahl. Es ist in mir wie mein Atem. Aber es ist brutal. Ein Buch, das nicht gelesen wird, existiert nicht, es wird noch nicht einmal geschrieben. Es ist kein Phantom, es ist das Nichts.«

In ihrem Heft stand eine Liste mit Namen:
• Giorgio der Automechaniker
• Matteo Sarratore
• Silvio Solara
• Madame Oliviero

Ich schaute sie schief an.

»Das sind mögliche Name für manche meiner Figuren. Ich weiß noch nicht, welche ich verwenden werde ... Die Geschichte spielt in den Fünfzigerjahren, den Jahren meiner Kindheit, ich darf nicht zu moderne Namen nehmen.«

»Sie sind in den Fünfzigerjahren aufgewachsen?«

»Ich nehme ein bisschen Gebäck. Wollen wir es uns teilen?«

»Wie könnte ich da Nein sagen.«

Wir stopften uns schweigend mit cremegefüllten *cannoli* voll, die ein Ekelgefühl hervorriefen, das süchtig machte wie sonst nur dreckiger Sex. Und als hätte sie stets ihr Thema im Sinn, sagte sie zu mir:

»Alle großen Freundschaften sind toxisch. Darauf gründen sie sich. Wir sind angezogen von dem, was uns fasziniert, und was uns fasziniert, bringt uns in Gefahr. Alle menschlichen Beziehungen sind Machtverhältnisse.«

»Damit bin ich nicht einverstanden.«

»Ihr Einverständnis ist mir egal. So ist es nun mal. Das ist die Geschichte des Lebens, der Literatur.«

»Nehmen wir ein Beispiel, damit Sie meine Meinung weniger verachten ... die tiefe Freundschaft zwischen mir und Mauricio.«

Sie nahm ihre große, mit Schildpatt eingefasste Brille ab und seufzte, als täte sie mir einen großen Gefallen mit diesem Gespräch, dessen Ausgang sie bereits kannte.

»Was hat er Ihnen gebracht? Dieser Mauricio ...«

Ich wies mit dem Kinn auf ihn hinter seinem Tresen, während ich von ihm erzählte: »Er war die Basis für mein Leben, mein neues Leben, mein Leben als Erwachsener. Ein Rettungsring in einem Sturm, der mich, das ist mir erst heute klar, in große Düsternis hätte reißen können. Ja, auf seine Weise hat er mir das Leben gerettet.«

»Dann wird er es vielleicht gegen seinen Willen zerstören.«

»Das ist zynisch.«

»Das ist realistisch. Spielen wir ein Spiel. Nennen wir es die menschliche Mechanik; sagen Sie mir, was das Positive ist, das in Ihrer Freundschaft liegt, und ich liefere Ihnen die Gegenthese.«

»Das ist eine weitreichende Frage. Ich werde Ihnen jetzt nicht unsere Freundschaft zusammenfassen.«

»Plutarch sagte, Freundschaft ist ein Tier, das zwar zu zweit weidet, aber nicht in der Herde lebt. Mauricio ist hier immer von vielen Leuten umgeben, abgesehen von seiner Frau teilen Sie ihn immer mit anderen. Warum sollten Sie der Auserwählte sein? Der echte, der eine Freund?«

»Ich verstehe mich sehr gut mit seiner Frau, und wir haben durchaus Zeit zu zweit, unsere stillen Augenblicke.«

»Dann beneidet er Sie um Ihre Freiheit.«

»Ich verdiene deutlich weniger Geld als er. Er ist frei.«

»Wenn Sie irgendwann selbst erfahren, dass Geld Sie in ein Hamsterrad verbannt, dann werden Sie verstehen, dass er Sie beneidet, aber bis dahin sind Sie derjenige, der neidisch ist.«

»Überhaupt nicht.«

»Er hat die Kontrolle. Wenn er entscheiden würde, Ihnen diese Wohnung nicht mehr für eine läppische Summe zu vermieten, was würden Sie dann tun? Schauen Sie genau hin. Ist er Ihnen etwa nicht überlegen?«

Mauricio lachte schallend; in einer Ecke des Cafés führte Doktor Chen eine echte Akrobatiknummer vor und versuchte, seinen italienischen Freunden die Besonderheiten der Sichuan-Oper zu beschreiben, indem er ihnen die Kunststücke einer der typischen Figuren, *Paerduo*, vorspielte; sein Name bedeutet wörtlich »Ohr, das sich flach auf den Bauch legt« und beschreibt den feigen Mann, der Angst vor seiner Frau hat, die ihn für seine Dummheiten bestraft, indem sie ihn am Ohr nach Hause zieht. Dann zeigte er ihnen eine Maske, die in Sekundenschnelle ihre Erscheinung änderte, den *Bianlian*, das »Gesicht, das sich verändert«, und während der Doktor vom einen zum anderen überging, schrie sein kleines neapolitanisches Publikum vor Überraschung und applaudierte sogar. Das ist wie bei diesem Autor, dachte ich, ein großer Schriftsteller hat kein unveränderliches Gesicht; da drehte ich mich um, und sie war verschwunden. Auf der Straße liefen nur zwei kleine Schulmädchen.

Ich hörte ziemlich lange nichts mehr von ihr. Ich hatte sie beiseitegelegt zu meinen ausgedachten Freunden, und dann kam Mauricio eines Tages zu mir geeilt, ganz aufgeregt!

»Jacques, heute früh war jemand da, der hundertachtzig *caffè sospesi* an die Tafel geschrieben hat und mir einen Umschlag für dich dagelassen hat.«

»War es eine Frau oder ein Mann?«

»Hundertachtzig *caffè sospesi*, Jacques! Hast du gehört, was ich sage? Wir sind die Armenküche!«

»Wie sah sie aus? War es ein alter Mann? Oder eine Frau?«

»Also daran erinnere ich mich nicht. Ich war so fassungslos von dieser Geschichte mit dem Kaffee, das habe ich völlig vergessen. Hundertachtzig, stell dir das mal vor! Hundertachtzig *caffè sospesi* ...«

Ich öffnete den Umschlag und entdeckte das Manuskript, die unkorrigierte Druckfahne zu *Meine geniale Freundin* von Elena Ferrante. Ich hätte es wissen müssen, nur Frauen können einem eine bleibende Erinnerung an eine Begegnung hinterlassen, die nicht einmal stattgefunden hat. Hätte ich gewusst, wie ich sie hätte wiedererkennen können, hätte ich mich vermutlich in sie verliebt.

INTERMEZZO

Ende März 2020 nehme ich dieses Heft wieder zur Hand. Mir geht auf, dass ich seit mehreren Jahren nicht mehr über die Leute geschrieben und vermutlich auch aufgehört habe, sie einzeln verstehen zu wollen, weil ich überzeugt war, dass wir alle nur die Symptome unserer eigenen kranken Geisteshaltung sind. Ich zeichnete nach wie vor Karikaturen, um meinen Lebensunterhalt zu verdienen, aber nur so viel, dass ich mir Lebensmittel und meine kleine Miete leisten konnte. Während dieser letzten Jahre habe ich versucht, mein Leben in die Hand zu nehmen, ich hätte mir sogar gewünscht, jemanden kennenzulernen, mit der oder dem ich es geteilt hätte, aber ich hatte nur heimliche Abenteuer, schnelle Nummern, für die ich mich schämte und nach denen ich mich bekreuzigte und in den Beichtstuhl stürzte. Auch wenn junge Leute in Italien ihre Homosexualität inzwischen langsam offen zeigen, ist sie nach wie vor ein Tabu in meiner opferreichen Generation. Gestern wurden zwei Männer, die sich an der Hand hielten, niedergeschlagen und tot auf der Straße liegen gelassen. Die Zeitungen schrieben von einem Vergeltungsakt, von einem Streit mit schlechtem Ausgang, aber nicht von Homophobie, nicht von Liebe. Vermutlich ist es das, was mich antreibt, wieder einen Stift zur Hand zu nehmen, ich kann nicht so frei sprechen, wie ich es gern würde, nicht gegen die Beleidigungen anschreien.

Aber im Café tauschen wir uns seit einiger Zeit viel mehr über Politik aus als früher, und das erinnert mich an Frankreich. Es hat vor drei Jahren begonnen, ganz Italien schien zerrissen zwischen der Lega Nord von Matteo Salvini und der Fünf-Sterne-Bewegung von Luigi Di Maio. Am Tag nach der Wahl am 4. März 2018 bestätigte sich das schizophrene Wesen Italiens, Norden und Süden waren sich nicht einig, und wenn man sich die Landkarte genauer ansah, konnte man das Königreich beider Sizilien darauf wiederfinden, das es vor der Einheit des Landes einst gegeben hatte. In Frankreich wuchs die Gewalt, die Gelbwesten stellten alles auf den Kopf. Überall wurde hitzig über die Geflüchteten debattiert. Ich kam zu der Überzeugung, dass das zwangsläufig zu einem Volksaufstand führen, dass auch bei uns Blut fließen würde, als spürte ich, dass die Welt Leichen forderte. Ich hatte keinerlei Vorstellung davon, wie es mit meinem Leben weitergehen mochte oder mit dem Café und noch weniger mit der Welt.

Am 10. März 2020 schloss das Café wegen der Ausgangssperre. Covid brach über Italien herein, das erste Land, das sich diese verfluchte Krankheit in Europa aussuchte. Noch am selben Tag wurde Maddalena ins Krankenhaus gebracht. Es standen nicht genügend Betten zur Verfügung, sie wurde nicht einmal mehr an ein Beatmungsgerät angeschlossen und erstickte weit weg von ihrer Familie. Mauricio trauerte um sie im Kreise seiner Kinder, er wartete darauf, dass auch er an der Reihe wäre, aber er kam nicht dran. Die Beerdigung fand im kleinsten Kreis statt. Ich hatte mich nicht von ihr verabschieden können. In dieser Nacht hörte die gesamte Straße meinen Freund weinen und teilte seinen Schmerz. Ich konnte ihn nicht in den Arm nehmen. Ich beschränkte mich darauf, ihm Papierflieger zu schicken, verziert mit Comicstrips, die ich mit Handschuhen gezeichnet und geschrieben hatte. Manche waren komisch und zeigten meine Vision der Zukunft in ein paar Monaten, denn ich war sicher, die Apokalypse stünde unmittelbar bevor. Andere waren nostalgisch und bildeten die großen Fußballspiele ab, die wir uns zusammen angesehen hatten. Die ersten Flugzeuge schafften es nicht bis auf seinen Balkon, und zumindest brachte ihn das zum Lachen, aber nach und nach wurde ich besser, und schließlich erreichten meine Jagdflieger jedes Mal ihr Ziel.

Ende April versiegten die Tränen. Mauricios Enkeltochter kam auf die Welt und wurde nach ihrer verstorbenen Großmutter benannt. Mauricio zeigte sie uns stolz vom Balkon aus, und wir applaudierten aus Leibeskräften und prosteten ihm von allen Seiten zu. Die Ausgangssperre dauerte zweieinhalb Monate. Abwechselnd erledigten wir die Einkäufe füreinander. Die hübsche Matilda sang Liebeslieder. Und wenn sie »Storia di un amore« anstimmte, konnte ich mich nicht zurückhalten und sang das Lied zusammen mit ihr, und aus einem Grund, der mir noch immer verborgen ist, lachte die ganze Straße jedes Mal schallend darüber. Seit Jahren kannten wir die Farben der Unterwäsche unserer Nachbarn, die an den

Wäscheleinen baumelte, jetzt lernten wir, uns zu lieben, uns zu trösten, auch ohne uns zu berühren, manchmal ohne uns zu sehen.

Es war Doktor Chen, der die Idee zu einem riesigen Schiffe-versenken-Spiel hatte, das unsere ganze Straße jeden Abend um neunzehn Uhr in Atem und vielleicht sogar am Leben hielt. Das erlöste ihn von den rassistischen Bemerkungen, die er am Anfang erduldet hatte und von denen ich mich distanzierte, indem ich ihm Zwiebelsuppe vor die Tür stellte. Er legte mir seinerseits eine Knoblauchzehe hin und schrieb dazu: »Es wirkt antibakteriell, und wenn es nicht funktioniert, hält es zumindest Vampire fern.« Ich stellte mir vor, er wäre stolz auf sich, sein Gesicht fehlte mir, das Café auch. Ich bemerkte, wie leer mein Leben war.

Im Mai verteilte Doktor Chen *Qingfei Paidu*, einen Pflanzensud, an all seine Nachbarn. Die Zusammensetzung war vor fast zweitausend Jahren im *Shanghan Lun* beschrieben worden, in einer der vier Abhandlungen der chinesischen Medizin. Es war eine Mischung aus Ephedra, Ingwerwurzel, chinesischer Süßholzwurzel, Aprikosenkernen und Jamswurzel sowie einem Dutzend weiterer Zutaten, die bekanntlich eine reinigende Wirkung auf die Lunge haben. Ich glaube, der Placeboeffekt funktionierte, denn niemand von uns wurde danach krank.

Wenn ich mich heute über meinen Balkon beuge, kann ich die beiden Tische auf der Straße und die Neonschrift mit dem Wort NUBE sehen, von dem nur die ersten beiden Buchstaben erleuchtet sind. Jeden Tag sagten die beiden jungen Nachbarn zu mir, ich solle

mich ausziehen, damit mich jemand über dem flackern-
den NU – dem französischen Wort für »nackt« – fotografieren könne, sie lachten Tränen bei der Vorstellung,
aber wir machten es nie. Wir harrten alle stundenlang
auf den winzigen Freilichtbühnen unserer Wohnungen
aus, um uns gegenseitig zu beobachten, einen Blick auf
die anderen zu erhaschen. Es war ein Vorwand, um uns
zu duschen und anzuziehen, wir hatten Ausgang. Die
Spatzen hatten sich in Schwärmen den Himmel über
Neapel erobert. Wenn es dunkel wurde, hörten wir ihre
Geräusche: das gemeinsame Flügelschlagen, das eine
Art Rascheln in der Ferne der Stadt erzeugte, als würde
eine hübsche Frau ihr Seidenkleid in Schwingung ver-
setzen. Die Vögel tanzten zusammen und bildeten dabei
eine Wolke, die sich unendlich anmutig bewegte. Wobei
jeder Vogel so nah wie möglich an seinem Nachbarn
flog, im selben Tempo. Die Kinder meinten, Formen
darin zu erkennen, als sendeten die kleinen Vögel ihnen
Nachrichten, und sie schrien: »Ein Elefant! Ein Wal! Ein
Blitz!« Die herrlichen, instinktiven Bewegungen verwirr-
ten mich, und ich sah darin ein schlechtes Omen, aber
Mauricio erklärte mir, es sei eine Frage des Überlebens:
In der Gruppe erlangen die kleinen Vögel eine Kraft, die
die Fressfeinde erschreckt, allein sind sie eine leichte Beute. Ironie des Schicksals: Wir armen Menschen mussten,
um uns gegenseitig zu retten, Abstand halten, uns die
Macht der Gemeinschaft versagen. Wir betrachteten das
Flügelballett wie einen Traum am Tag nach einem Fest,
nach innigen Umarmungen, nach einem Wiedersehen.

Für Mauricio ergab alles einen Sinn und war gottgege-
ben, wir hatten ganz einfach die Zeichen nicht erkennen

wollen. Dreimal war im Laufe des Jahres vor dem Blut des heiligen Januarius gebetet worden, das sich verflüssigt hatte, nachdem die Ampullen aus ihrem Schrein hervorgeholt worden waren. Am 16. Dezember war das übliche Blutwunder nicht eingetreten. Neapel und die umliegende Region warteten auf ein Zeichen der Zuversicht und hielten das Ausbleiben der Verflüssigung des Märtyrerblutes für ein schlechtes Omen. Das Unglück war noch nicht vorüber. Das Blut des heiligen Stadtpatrons blieb fest wie ein Grabstein. Jedes Mal, wenn das zuvor passiert war, hatte es eine Tragödie gegeben: 1939 den Zweiten Weltkrieg, im September 1943 die Besatzung Italiens durch Deutschland, im September 1973 eine Choleraepidemie in Neapel und im September 1980 meine Ankunft und das Erdbeben. Jede Generation glaubt, etwas Besonderes zu sein, aber wir bringen alle immer wieder denselben Stein ins Rollen.

LIVIA
2020

Livia war im Viertel als ein leichtes Mädchen bekannt. Ihr Name schweifte durch die zotigen Gespräche beim Kaffee. Der Architekt nannte sie »Zigarren-Anzünder« und Francesco »die Hauptspeise«, sie war ein bisschen zu rund für seinen Geschmack, was er wirklich liebte, waren die »kleinen Desserts«. Die Männer sind immer hart zu denen, die besonders weich sind. Dabei kommt ihnen das als Ersten zugute, und oftmals sind sie in den Armen dieser Frauen am ehesten sie selbst, aber sie mögen trotzdem die Spröden, die Beleidigten und selbst die Bösartigen lieber. In einem Land, in dem die Heilige Jungfrau vergöttert wird, sind lockere Sitten nicht gern gesehen. Darum gehörte die flatterhafte Livia, obwohl sie regelmäßig betete, nicht zu jenen, die fürs Heiraten infrage kamen. Sie lächelte mir stets wohlwollend zu, aber es war immer bei dieser höflichen Geste geblieben.

Richtig lernte ich Livia erst kennen, als ich in den Chor des Pio Monte della Misericordia eintrat. Das kam ganz zufällig zustande, mit Einbruch der Nacht, an einem Abend im März. Ich hatte gerade Brot und Olivenöl gekauft, und auf dem Weg nach Hause bückte ich mich, um meine Schnürsenkel zuzubinden, als ich Engelsstimmen hörte, die tief aus Neapels Innerem zu kommen schienen. Davon angezogen, kehrte ich um. Die Kirchentür war offen, ich trat über die Schwelle, und der Priester sah mich, lächelte mir zu und lud mich mit einer Geste ein, mich zu setzen. Zaghaft ging ich weiter und nahm auf einem der Holzstühle Platz, die im Längsschiff in sanftem Dämmerlicht standen. Es war kalt, aber ich spürte nichts außer einer Art inneren Erleuchtung, ich hatte das Gefühl, am Ziel zu sein. Ich war nur wenige Schritte von zu Hause entfernt, und trotzdem hatte ich diesen heiligen Ort noch nie betreten, in dem ein Werk von Caravaggio hing: *Die sieben Werke der Barmherzigkeit*. Meine Augen konnten sich nicht von dem Gemälde lösen, das ich nun erblickte und das mich zutiefst erschütterte. Da kam der Priester näher, und während der Chor weitersang, inzwischen etwas leiser, als wollte er mich die Stimme des göttlichen Missionars hören lassen, sagte er eindringlich: »Die Unwissenden belehren.« Während ich die sieben Symbole der Barmherzigkeit auf der Leinwand suchte, fuhr er in regelmäßigen Abständen fort: »Unsere Toten begraben« – ich entdeckte die Füße einer Leiche, die weggetragen wird. Dann deutete er mit dem Finger auf das Bild. »Die Gefangenen besuchen, die Hungernden speisen« – und da sah ich eines der wirkmächtigsten Themen der Kirchenmalerei, ein nahezu mythologisches Bild in racinescher Überhöhung, Cimon und seine Tochter Pero, ein Symbol der Caritas Romana. Auf dem Gesicht des jungen Mädchens, das ihrem eingekerkerten Vater die Brust gibt, um ihn zu nähren, spiegeln sich all der Irrsinn und die Kraft der menschlichen Natur. »Denen helfen, die kein Obdach haben!«, fuhr er lauter fort. Der Chor schien ihn zu begleiten; er zeigte mir den Pilger auf dem Gemälde. Dann den lahmen Bettler auf dem Boden – »Die Kranken pflegen! Und wie der heilige Martin, der seinen Mantel jenem armen, nackten Mann gibt, die Frierenden kleiden.« Schließlich wies er auf Samson, der Wasser aus einem Eselskiefer trinkt, und ich antwortete: »Den Dürstenden zu trinken geben.«

Der Chor hörte auf zu singen, und die Sänger applaudierten sich gegenseitig. Der Priester nahm mich bei der Hand, führte mich zu ihnen, und ich stellte mich in den Kreis. Ich, der nie gesungen hatte, stimmte bei den Vokalisen mit ein: »OOOOOHHHH.«

Livia lächelte, während sie sang, und ihr Blick entspannte mich. Sobald ich in ihre Augen sah, spürte ich die Freude, aus meiner Stimme das herauszulassen, was darin vergraben war, ungehemmt und angstfrei.

»Aaaaaahhhh«, sang der Priester; und wir sangen es zusammen nach.

Livia war nicht das, was man eine Schönheit nennt, aber sie hatte Ausstrahlung. Sie war voller Liebe, die sie nicht geben konnte, obwohl ihr ganzes Leben anderen gewidmet war. Sie kannte keinen Egoismus. Zu geben erfüllte sie mit Freude. Sie hätte ein sorgloses Leben führen können, aber sie war es gewohnt, zwischen Bierdosen und kalten Pizzaresten aufzuwachen. Ihr Bruder, mit dem sie zusammen eine Villa bewohnte, war ein Nachtmensch, sein Leben bestand aus schlechten Partys, bei denen Unbekannte hereinschneiten, um sich mit Drogen aller Art zu versorgen. Nachdem sie in einem der Fertighäuser aufgewachsen waren, die nach dem Erdbeben wiederaufgebaut werden sollten, was aber von der

Mafia nie umgesetzt worden war (sie hatte sich damit begnügt, das Geld von allen Baustellen jener Zeit abzugreifen, ohne auch nur eine davon fertigzustellen), hatten sie ein Haus von ihrem Großonkel geerbt, eines jener Domizile aus rosa Stein, in denen man an Sommertagen gern aufwachte. Der Onkel hatte keine Kinder gehabt und ihnen eine hübsche Summe hinterlassen. Wenn Livia nach Hause kam in ihr hübsches, verwüstetes Haus, dann schrie sie nicht, sondern bekreuzigte sich, nahm einen Müllsack, sammelte den Abfall ein und betete zu Gott, es möge aufhören. Eigentlich hatte Livia ihr Leben Jesus widmen und Nonne werden wollen, aber die Vorstellung, einen Mann und Kinder zu haben, war ihr so heilig, dass sie sich nicht hatte durchringen können, darauf zu verzichten. Sie konnte nicht Nein sagen, und es kam vor, dass ihre Hände in den ruchlosen Nächten ihres Bruders über ihren Körper glitten, manchmal mit Abneigung, manchmal voller Lust, durch die sie sich am nächsten Morgen noch schuldiger fühlte.

Im Kirchenchor sang ein sehr schöner Mann, weshalb ich mit Eifer bei der Sache war. Manchmal ging er nach unseren Proben nicht direkt nach Hause zu seiner Frau. Wenn wir »Et in terra pax« von Vivaldi sangen, baute sich eine erotische Spannung auf, die uns oft in den siebten Himmel führte. Unser Spielchen brachte Livia zum Lachen, sie begriff alles, was mit Liebe zu tun hatte, die Liebe zum Leib Christi und die leibliche Liebe der normalen Menschen. Ganz allmählich wurden wir Freunde durch den Chor und durch ihre Erläuterungen zur Liturgie, mit denen sie mich begeisterte. Wie alle, die gern Regeln brechen, fühlte ich mich stark vom Christentum angezogen. Große Geistliche und Gesetzesbrecher sind zwei Gruppen, bei denen dieselbe Neurose zum Ausdruck kommt: die Unfähigkeit, ohne Leidenschaft zu leben, die Freude daran, den Finger in die eigenen Wunden zu legen – Masochismus.

Wenn sie vom Chor zurückkam, fand Livia das Haus jedes Mal unordentlich von der letzten Nacht vor. Ihr Bruder war zwar aufgestanden, hatte sich aber wieder hingelegt, das Morphium wirkte bis spät in den Abend hinein. Livia war nicht nur religiös, sondern dazu auch abergläubisch, was ihr lauter lächerliche Verpflichtungen auferlegte. So polierte Livia aus Angst vor der Bella 'Mbriana, dem guten Geist neapolitanischer Häuser, immer alles bis in den letzten Winkel hinein. Die Bella 'Mbriana kann Glück bringen, aber auch gewalttätig sein, denn ein unaufgeräumtes Haus macht sie jähzornig. Gefürchtet ist vor allem ihr Gegenspieler, Munaciello, der Geist mit der roten Kapuze. Niemand kennt das Gesicht der schönen 'Mbriana, denn sie erscheint zur hellsten Tageszeit, während der *cuntrora* zwischen zwölf und sechzehn Uhr, bei Gegenlicht. Von der Sonne geblendet, kann man sie nicht sehen. Und sollte sie doch jemand wahrnehmen, würde sie sich sofort in einen Gecko oder einen Schmetterling verwandeln. Immer wenn wir einen sahen, sagte Livia »Schau nur!« zu mir, als lieferte sie mir damit einen unwiderlegbaren Beweis dafür, dass es sie tatsächlich gab. Der Legende zufolge war die 'Mbriana eine wunderschöne Prinzessin, die ihre große Liebe verloren hatte und daraufhin durch die Straßen der Stadt irrte. Ihr Vater, der König, ersuchte seine Untertanen, die Türen ihrer Häuser offen zu lassen, damit sie Einlass fände, wenn sie eine Bleibe brauchte. Viele Jahre später ließ man einen Platz am Tisch für die verzweifelte Schöne frei, und Livia hielt diese Tradition aufrecht. Darum wartete auch schon ein Platz auf mich, als sie mich zum ersten Mal überraschend zum Essen einlud.

Livia wohnte ein paar Hundert Meter vom Café Nube entfernt, gleich neben der Kirche Sant'Angelo auf der nach dem ägyptischen Gott Nil benannten Piazzetta Nilo. Kardinal Rinaldo Brancaccio hatte dort Ende des vierzehnten Jahrhunderts eine kleine Kapelle bauen lassen, und man konnte sich nur über das Durcheinander wundern: Direkt vor einem christlichen Glaubenshaus gab es einen Gott einer polytheistischen Religion. Das entsprach den inneren Widersprüchen Livias. Ebenso war die Kirche außen und innen ganz unterschiedlich. Mit dem ihr eigenen sinnlichen Orange und der für eine italienische Kirche recht überladenen Fassade mit grauen Strukturelementen zog das Gebäude einen in den Bann. Das Innere war in reinem Weiß gehalten, und auf dem mit aufwendigen Motiven verzierten Boden standen einfache Holzstühle. Die Türen in kräftigem Grün luden zum Hereinkommen ein, und ich sammelte mich dort immer, bevor ich zu Livia ging.

Sie lud mich oft auf ihr Lieblingsgebäck von Scaturchio ein. Der Savarin mit Rum schmeckte so gut wie in den besten Brasserien in Paris. Das war das Einzige, was sie sich gönnte, sie gab das Geld ihres Onkels ansonsten nicht aus, höchstens für wohltätige Zwecke. Um das dezente Geräusch des Meeres zu hören, das in Livias Herz wie in einer leeren Muschel verborgen war, hätte man sich ganz nah zu ihr beugen und sie küssen müssen. Ein zahmes Kaninchen spazierte durch das große Haus und verstärkte das surreale Gefühl, das einen hier umwehte.

Manchmal kam Livias Bruder wortlos vorbei, wie ein Schatten in einem purpurroten maßgeschneiderten Morgenmantel. Livia entschuldigte sich für sein Schweigen, »Ihm geht es heute nicht gut«, und sie schaute in ihre Bibel, als bäte sie Gott, sich ihres Bruders zu erbarmen.

Nie und nimmer hätte ich mir vorstellen können, dass Livias und Giuseppes Herzen sich eines Tages finden würden.

Giuseppe fühlte sich nicht sehr wohl in Gesellschaft anderer Menschen. Er bekam sein Leben auf die Reihe, aber jegliche Art von Beziehung war kompliziert für ihn. Als er vierzig wurde und noch immer alleinstehend und wortkarg war, hatte man ihm eine schnauzbärtige, tyrannische Frau aufgezwungen, die ihm in einer Frühlingsnacht ein Kind gemacht hatte. Giuseppe war ebenso wie sein Vater Schneider und begabt für diesen Beruf. Er wusste, wie man Maß an einem Körper nahm, wie man dessen Bewegungen verstehen konnte und wo man dem Stoff Spiel geben oder ihn taillieren musste. Eine Jacke von Giuseppe war eine elegante, schmeichelnde Umhüllung. Manchmal ging er in die Bibliothek, um sich alte, mit Anmerkungen versehene Bücher anzuschauen, in denen Muster abgebildet waren, manche davon handkoloriert, dann hatte er das Gefühl, er hielte ein Buch mit lauter Zaubersprüchen in der Hand. Er war so mit dem Faltenwurf eines Kleidungsstücks beschäftigt, wie andere Leute sich um die Demokratie sorgen. Aus Sparsamkeit achtete er peinlich genau darauf, wie er seine Schnitte auf dem Stoff anordnete. Er träumte von Linien und Ausgewogenheit, davon, das perfekte Kleidungsstück zu schaffen. Oft stellte er sich vor, er würde Kleider für wunderschöne Frauen zeichnen, für Filmstars. Aber er schneiderte Anzüge für Männer, hauptsächlich klassische Dreiteiler. Er liebte seinen Beruf, auch wenn seine Frau ihn gering schätzte, in ihren Augen war er nur irgendein Angestellter, ein nichtswürdiger Schneider. Sie nahm das Geld und traktierte ihn. Giuseppe litt, er zog sich in sich selbst zurück, wie eine Muschel ihre Perle immer mehr versteckt. »Glaubst du, es macht etwas her, einen Schneider als Ehemann zu haben? Wir leben schließlich nicht im Jahr 1930! Es ist peinlich! Das ist ein Beruf für einen Waschlappen! Hast du nichts dazu zu sagen? Siehst du, du bist ein Weichei, nichts sagst du. Ist das etwa ein gutes Vorbild für unseren Sohn? Lieber würde ich mal eine Ohrfeige von dir bekommen, dann wärst du ein echter Mann.« Giuseppe reagierte nicht. Warum war diese Frau so gemein, und wie hatte er nur sein Leben an ihres binden können? Seine zurückgehaltene Wut hatte sich verwandelt in eine Art von Ausstrahlung, die das Gefühl vermittelte, er wäre ein hochbegabtes Wesen, aber tatsächlich stand er immer an der Grenze zur Gewalt, und diese Implosion war charakteristisch für ihn. Seine Frau gab das ganze Geld, das er verdiente, für Haushaltsprodukte und unnütze Geräte aus, die beim Teleshopping angepriesen wurden. Sie waren mit einem elektrischen Karottenschäler und einer Mikrowelle samt Radio ausgestattet, bei der jedes Lied zu dem Gericht passte, das gerade erwärmt wurde. Wenn Giuseppe eine Bemerkung wagte, schrie Antonella, dass alles, was sie tat, »zu ihrer aller Bestem« sei. Alles, wovon Giuseppe träumte, war ein Pool, in dem er nach seinen langen Arbeitstagen hätte herumplanschen können. Ihm war klar, dass das in Neapel schwierig war, aber eine einfache Badewanne hätte ihm auch gereicht.

Antonella verweigerte ihm diese Anschaffung. Sie selbst aalte sich in Schaumbädern bei ihrem Geliebten Adolfo, Giuseppes Chef. Er war Witwer und konnte mit Antonella seine Vorliebe für stattliche Körper, Behaarung und raue Stimmen ausleben, ohne erklärtermaßen als homosexuell zu gelten, vor allem vor sich selbst. Antonella träumte von dem Tag, an dem sie mit ihrem Kind und ihrer erstklassigen Küchenmaschine zu Adolfo ziehen würde. Es kam nicht infrage, ihrem Ehemann dann eine Badewanne zu überlassen! Giuseppe fand Zuflucht in seiner Arbeit, war dort aber seit einiger Zeit unglücklich, denn sein Chef, der ihn einst geschätzt hatte, machte ihn inzwischen ständig madig. Da zu Hause nicht die geringste Aufmunterung zu erwarten war, begann ein Abstieg in die Hölle. Und ich wusste damals nicht, dass das Tor zum Hades direkt unten in dem Haus lag, in dem ich wohnte …

Mehr als zehn Jahre lang hatte Mauricio mir, angeblich um mich zu schützen, nichts von dem Club erzählt, den er im Kellergeschoss des Café Nube eröffnet hatte. Jeden Abend ab halb elf wurde es zur heimlichen Spielhölle. Angesichts des armseligen Ambientes konnte man nicht direkt von einem Spielsalon sprechen, aber die Summen, die hier gesetzt wurden, waren genauso beachtlich wie in vornehmen Casinos. Um Einlass in den Club zu bekommen, musste man dreimal am Eisengitter klopfen, dann kam der Hecht – aus Sicherheitsgründen hatten sie alle Spitznamen, und der Hecht besaß einen Kopf wie ein Fisch –, und wenn er einen kannte, machte er auf; wenn er merkte, dass ihm ein Polizist gegenüberstand, durfte er ihm eine Kugel zwischen die Augen jagen. Um hineinzukommen, musste man ein Codewort nennen, das ich nicht verraten darf. Dann hob der Hecht die Falltür hinter dem Tresen hoch, und man konnte in den Keller hinuntergehen. Dort standen zwei völlig verqualmte Pokertische unter Aufsicht von Kugelblitz, der so genannt wurde, weil er Storchenbeine wie ein Zehnjähriger und eine Wampe wie einen Globus hatte.

»Kommst du klar mit deinen Flossen?«, lautete der Witz, den er ständig wiederholte, wenn der Hecht die Geheimtür wieder schloss. Alle fühlten sich verpflichtet zu lachen, und das erfüllte Kugelblitz mit Freude, zumindest die Hälfte seines Körpers.

Giuseppe kam erst seit ein paar Monaten regelmäßig her, und das Glück hatte es gut mit ihm gemeint. Er dachte, er käme zurück, um erneut zu gewinnen. In Wirklichkeit kam er, ohne es zu wissen, zurück, um den Rausch des Verlierens zu erfahren, um sich lebendig zu fühlen.

An diesem Abend passiert es.

Giuseppe weiß, dass er verliert, dass er versinkt, wie wenn man weit hinausschwimmt, obwohl Wind aufkommt, aber dabei entsteht in seinem Innern eine wohlige Verzweiflung. Endlich fühlt er, dass sein Leben sich um ihn dreht. Der dicke Midas sieht ihn an, alle sind schon schlafen gegangen außer ihm. Giuseppe erhöht den Einsatz, obwohl er nicht die Karten hat, die er braucht. Er gibt sich großspurig, um ein Blatt vorzutäuschen, das er nicht auf der Hand hat. Aber sein Gegner geht mit, und er verliert. Im Laufe eines Abends gibt Giuseppe ein Monatsgehalt aus. Er bittet nicht um Aufschub. Er weiß, mit wem er spielt. Er bezahlt. Heute Abend muss er mit seiner Frau sprechen. In den nächsten Monaten wird sie nicht so viel Geld für absurde Dinge ausgeben können. Immerhin ist er jetzt einmal an der Reihe gewesen, Spaß zu haben, und der Abgrund und die Abscheu waren seine Dosis Adrenalin. Er weiß, dass er sich in den kommenden Jahren davor schützen muss, vor allem darf er nie wieder herkommen, aber als Kugelblitz fragt: »Bis morgen?«, antwortet er, ohne zu zögern: »Bis morgen.«

Am nächsten Tag mischte er die Karten noch einmal, und zwar so heftig, dass sie dabei fast zerknickten. Dann teilte er schnell aus, eins, zwei, drei. Fertig. Ein paar Stunden später trat er nach draußen, völlig blank, verschuldet für ein ganzes Jahr.

An diesem Morgen blieb er da und lungerte stundenlang im Café Nube herum, nachdem es geöffnet hatte. Als er erst einmal zu spät dran war für die Arbeit, traute er sich nicht mehr hin und auch nicht nach Hause.

An diesem dramatischen Tag sah er Livia zum ersten Mal, als Spiegelbild. Sie war sich dessen nicht bewusst. Es war noch früh am Morgen, der Saft der Ananas, die sie wie ein Kind aß, lief ihr übers Kinn. Sie waren beide Stammgäste im Café, trotzdem waren sie sich nie begegnet oder hatten sich nie bemerkt, was auf dasselbe hinausläuft. Sie wussten nichts von den heftigen Ereignissen, die sie erwarteten, von den Proben, auf die der Himmel sie stellen würde, bevor sie endlich Glückseligkeit erlangten.

Als Livia nach Hause kommt, ist alles still, die Vorhänge sind zugezogen, alles sieht aus wie jeden Morgen, und doch ist alles anders. Sie weiß, dass der Körper ihres Bruders nicht mehr derselbe ist, dass das Gebäude schwankt, dass alles leicht und zugleich düster scheint, dass der Tod Einzug gehalten hat.

Als sie ihn findet, schreit sie nicht, sie weint nicht, sie nimmt seine Hand, die schon kalt ist. Stundenlang sitzt sie auf der Bettkante. Solange sie die Worte nicht ausgesprochen hat, ist er vielleicht noch am Leben.

Es war noch nicht dunkel an diesem 20. Juni, aber um 20.48 Uhr, als die Straßenlaternen angingen, war Giuseppe noch immer im Betrieb. Weil er zu spät gekommen war, musste er länger bleiben. Er kümmerte sich um einen wichtigen Kunden des Hauses, der auf seine tadellosen Schnitte schwor. Als er die Maße des Herrn nahm, eines gewissen Patricio Meril d'Allegra, der ein Dutzend Zirkusse besaß und Doppelponys sammelte, flüsterte dieser ihm etwas ins Ohr, das trotz des Mundgeruchs sein Leben verändern könnte. Eine Stunde später rannte Giuseppe, ohne zu verschnaufen, nach Hause und erzählte das Ganze seiner Frau:

»Ich habe ein paar Stoffreste mitgehen lassen und jemandem angeboten, ihm dasselbe Modell günstiger zu verkaufen. Eigentlich hat *er* es *mir* vorgeschlagen, aber ich bin darauf eingegangen, darum ist es egal, nicht wahr? Er hat zwei Anzüge bei mir bestellt! Zwei Dreiteiler! Ich zahle meine Schulden zurück, und anschließend mache ich mich selbstständig. Er wird mein erster Kunde! Weißt du, dieser Fehltritt hat sich als Chance entpuppt. Ich bin kein Spieler, ich will dich glücklich machen. Ich habe begriffen, dass ich ein anderer werden kann oder vielmehr der, der ich hätte sein sollen und der mein Leben in einer anderen Welt lebt. In einem Paralleluniversum! Verstehst du, was ich sagen will? Was ich an diesen Spielnächten mochte, war die Macht. Ich will sie ergreifen, auf eine gute Weise, mit dem, was ich kann. Dann kannst du ausgeben, so viel du willst! Und wir kriegen einen Pool!«

Antonella hörte ihm schon eine Weile nicht mehr zu, denn nach den ersten Sätzen hatte sie begriffen, dass der kleine Diebstahl von Giuseppe ihr Ausweg war. Niemand würde es ihr verdenken, wenn sie ihren Ehemann verließ, der spielte und klaute, um ihr Kind zu schützen; der Pfarrer selbst hatte ihr nach den ersten Pokerschulden geraten, ihn davonzujagen, um ihn zu bestrafen. Dieses Mal würde sie gehen, und in ein paar Monaten könnte sie sich öffentlich mit Adolfo zeigen, der dann als Wohltäter gälte. Sie ging hinaus, um ihn anzurufen, und war ganz aufgeregt. Sie sagte ihm, welche Stoffe in welcher Farbe Giuseppe geklaut hatte, und fragte, ob er kommen und ihn direkt damit konfrontieren wolle, aber Adolfo war verdammt intelligent und fürchtete, das könnte Verdacht erregen, er wollte lieber bis zum nächsten Morgen warten, um ihn zu überführen. Giuseppe hatte noch nicht einmal bemerkt, dass seine Frau weggegangen war. Obwohl er erschöpft von seinem Tag war, hatte er sich sofort an die Arbeit gemacht. In seinem tiefsten Innern dachte er, dass die schöne Frau mit der Ananas ihn vielleicht sehen würde, wenn er eines Tages ein mächtiger Mann wäre …

Die Frau mit der Ananas sah dabei zu, wie die sterbliche Hülle ihres Bruders das Haus verließ. Der Pfarrer tröstete sie. Aber sie hörte nicht alles. Sie dachte nur: »Jetzt bin ich allein, allein mit Munaciello.« Da kam sie zu mir, rief mich von der Straße aus ans Fenster, und wir gingen ein Eis essen. Ihres war voller Tränen.

Am nächsten Morgen nahm Giuseppe die Seilbahn, um in den Betrieb zu fahren, und trällerte »Funiculì, funiculà« wie schon sein Vater vor ihm. Das Unternehmen, in dem er arbeitete, war damals von Adolfos Vater geführt worden. Beide hatten sie Beruf und Stellung ihrer Väter geerbt, aber auch die bereits bestehenden Machtmechanismen. Einerseits Unterwerfung, andererseits Arroganz, feuchte Hände gegenüber Selbstsicherheit, zurückhaltende Schönheit gegenüber unbefangener Hässlichkeit. Beide wussten nichts davon, dass Giuseppes Mutter ein Verhältnis mit Adolfos Vater gehabt hatte und dass ein Vermächtnis sie miteinander verband, fast wie in der antiken Mythologie.

Heute freute Giuseppe sich, denn er glaubte, dem Räderwerk seines Schicksals entkommen und endlich sein eigenes Geschäft aufziehen zu können. Das würde einige Monate dauern, aber schon bald würde er frei sein.

Sein Lächeln sollte schnell dahinschmelzen, wie Livias Eis am Tag zuvor. Er wurde in Adolfos Büro gerufen, und der Buchhalter, ein hochgewachsener Mann mit niedriger Stirn, stand neben dem Chef und stimmte jedem seiner Worte zu. Giuseppe musste sich setzen, die beiden anderen standen, sie gingen herum, betrachteten ihn von oben herab. Sie wussten ALLES.

»Alles«, wiederholte der Buchhalter.

»So läuft das nicht!«, brüllte Adolfo und drohte Giuseppe mit dem Zeigefinger.

»Oh nein! So nicht!«, wiederholte der Vollidiot, der aus einem unerfindlichen Grund seinen Taschenrechner in der Hand hielt.

Neugierig schaute die Sekretärin herein, und sie durfte bleiben. Es war ein Gladiatorenkampf.

Sie konfrontierten Giuseppe mit seinem kleinen Diebstahl, seinem Verrat, sie zogen ihn in den Schmutz, und am Ende verkrümelte er sich mit einem letzten Scheck, mit dem er seine Pokerschulden nicht bezahlen konnte. Wieder zu Hause, war alles nur noch schlimmer. Es gab kein Licht mehr. Es hallte. Es war leer, vollkommen leer. Innerhalb von ein paar Stunden waren sie ausgezogen, sie, ihr Kind, die Zitronenpresse, der Minibackofen, der elektrische Nussknacker, alles. Und er hatte noch nicht einmal eine Badewanne, in die er sich hätte legen können.

Als Kugelblitz an der Tür klopft, um die Schulden zu kassieren, begreift Giuseppe, dass er seine Wohnung verliert. Antonella hat ihm Kleidung und einen Koffer dagelassen, damit macht er sich auf den Weg. So irrt er durch Neapel, dieses von Teufeln bewohnte Paradies. Giuseppe weiß nicht, an wen er sich wenden kann, mit wem er reden soll. Er sieht schon jetzt aus wie ein Obdachloser, obwohl er noch gar keine Nacht draußen verbracht hat. Unwillkürlich findet er sich im Café Nube wieder. Er wagt nicht, sich mit den anderen an den Tresen zu stellen, er schämt sich, und außerdem muss er sich setzen, muss verstehen, es muss ihm etwas einfallen. Er sucht sich einen Platz in der Nähe meiner Bank, schaut auf, mit Tränen in den Augen, und da ist sie, ihm gegenüber, die Frau mit der Ananas, und sie weint auch.

Sie starren sich eine Weile an, tieftraurig. Dann, nachdem sie sich ausgiebig geschnäuzt haben, lachen sie schließlich über die Absurdität dieser spiegelbildlichen Tränen.

Sie hat gerade den *caffè sospeso* bezahlt, den er jetzt unauffällig bestellt.

Sie reden nicht gleich miteinander, aber dann, nach einer Weile, denkt sie, es wäre höflich, ihren Kummer zu erklären:

»Mein Bruder ist gestorben.«

»Das tut mir leid.«

»Es war zu erwarten.«

»Ich verstehe.«

»Und vermutlich weil es zu erwarten war, habe ich mir nie etwas Schwarzes gekauft. Aus Aberglauben … Ich habe kein einziges schwarzes Kleid. Das ist dumm.«

»Ich kann Ihnen ein Kleid nähen, wenn Sie möchten …«

»Sie …?«

»Ich bin Schneider.«

»Das ist … ja, das wäre wunderbar. Aber es ist schon übermorgen.«

»Ich kann morgen früh mit schwarzem Stoff vorbeikommen und es Ihnen über den Tag nähen, und auch am Abend, wenn nötig. Haben Sie eine Nähmaschine? Weil ich bisher im Betrieb genäht habe und …«

»Ich besitze die von meiner Tante. Ich habe sie nie benutzt, aber sie ist da.«

»Wenn Sie mir eine Ecke in Ihrer Wohnung herrichten, kann ich bleiben, und wir können bei Bedarf immer eine Anprobe machen.«

Giuseppe hatte kaum je in seinem ganzen Leben so viele Sätze hintereinander gesagt. Sie vereinbarten ein Treffen für den nächsten Vormittag. Gott sei Dank war es Juni! Als das Café schloss, war Giuseppe drauf und dran, die Nacht mit seinem Koffer draußen zu verbringen. Wie schön der Mond doch wird, wenn man verliebt ist! Er legte sich vor die Kirche. Er hatte Angst, nicht früh genug aufzuwachen, aber die Glocke würde schon dafür sorgen. Schließlich dämmerte er ein, trotz des harten, kalten Bodens. Am frühen Morgen machten die Kinder aus dem Viertel sich einen Spaß daraus, Knallfrösche auf dem Weg zur Schule anzuzünden, um ihn aufzuschrecken. Giuseppe wusch sich rasch die Hände im Springbrunnen, dann machte er sich auf zum Stoffladen, der zwanzig Minuten entfernt war. Er kannte den Verkäufer gut, er war ein ehemaliger Geliebter seiner Mutter und schlug ihm nichts ab. Giuseppe scheuchte ihn aus dem Bett, indem er Kieselsteine an sein Schlafzimmerfenster warf, genau über dem Geschäft. Er entschied sich für Pannesamt mit Marmoreffekt, Pariser Chiffon und Organza. Er war so begeistert von Livia, seiner Frau mit der Ananas.

Als er vor ihrem Haus ankam und klingelte, bemerkte er, dass er schlecht roch. Er fragte hastig nach dem Badezimmer, um sich frisch zu machen, er hatte Zahnpasta in seinem kleinen Koffer. Der purpurrote Morgenmantel des Verstorbenen baumelte an der Wand wie jemand, der sich über ihn lustig machte, und plötzlich

171

sah er etwas, das noch schöner war als Livia selbst: einen Whirlpool! Er benutzte Deodorant, cremte seine schlecht rasierte Haut ein und ging zurück, um Livias Maße zu nehmen.

Brust. Taille. Hüften.

Er saß ihr zu Füßen.

Er roch Livias zitternden Körper.

Konnte es sein, dass sie dasselbe spürte?

In einer Ecke im Haus machte er sich an die Arbeit. Er fühlte sich dort so wohl. Als es Zeit fürs Mittagessen war, kam sie mit marinierten Garnelen zu ihm und schlug ihm vor, sie mit ihr auf dem kleinen Balkon zu essen.

Sie hatte kaum Appetit. Er dachte, das ist der Kummer, sie sagte sich, das ist die Liebe. In ihrem gemeinsamen Schweigen lag keinerlei Betretenheit, sie füllten den Raum damit gemeinsam aus. Es war vertrauter als jedes Wort. Gegen siebzehn Uhr brachte sie ihm einen Imbiss. Die einzelnen Teile des Kleides hatte er bereits zusammengenäht, bald wäre er fertig ...

Vor dem Abendessen zog sie das Kleid über und weinte um ihren Bruder in Giuseppes Armen. Am nächsten Tag begleitete er sie auf den Friedhof, und es waren seine Augen, in denen sie nach Halt suchte, als sie ein paar Worte sagte.

Das Kleid hatte eine tröstende Wirkung, denn es war mit solcher Liebe gemacht. Livia hatte sich noch nie so schön gefühlt, und trotz der Umstände fragten mehrere Frauen sie nach der Nummer ihres Schneiders. Sie bat sie, sich mit ihm im Café Nube zu treffen. Nach zwei Tagen war Giuseppes Auftragsbuch voll, und er musste nicht mehr auf der Straße schlafen.

Giuseppe, der wusste, dass Livia sehr fromm war, aber

nicht, dass sie heiß auf ihn war, wartete dreißig Tage, bis die Trauerzeit vorbei war (eigentlich achtzehn …). Das Café Nube war gerade dabei zu schließen, und ich sah, wie er losging, um sich ein günstiges Hotel zu suchen, da redete ich ihm ein, dass er sich verzählt habe. Nach zwei Gläsern Amaretto war er überzeugt. Daraufhin beeilte er sich, Livia zu erobern.

Italien ist ein Land, in dem man auch nachts immer eine Möglichkeit findet, um Blumen zu kaufen. Das sagt alles. Über den Umgang mit Unglück, mit Freude, mit Symbolen und mit Leidenschaft. Er kaufte einen Strauß, der so groß war, dass er ihn mit beiden Händen halten musste, aber seine Lippen blieben frei, um Livia einen Kuss zu geben.

Wenn Sie einmal durch Neapel kommen, gehen Sie unbedingt in ihrem Modegeschäft vorbei. Giuseppe ist ein Künstler, er wird Ihnen ein Kleid entwerfen oder einen Anzug, der zu Ihnen passt, und Livia wird Sie mit ihren Geschichten über die Kirchen der Stadt begeistern. Aus den Stoffresten fertigt Giuseppe inzwischen Kleider, die Livia an mittellose Menschen verschenkt – Kleider wie ein *caffè sospeso*.

ALDO UND DIE SCHLAFLOSIGKEIT
2022

Es war seine Freundin Caterina, die ihn dazu bringen wollte, zu einer Wahrsagerin zu gehen. Eines Abends nach einem Essen, bei dem viel Alkohol geflossen war, hatte sie ihn gefragt:

»Wie stellst du dir dein Leben in zwanzig Jahren vor?« Und Aldo hatte geantwortet, dass er sich das gar nicht vorstelle.

»Warum nicht?«

»Ich plane nichts, ganz ehrlich. Ich habe keine Ahnung, wie mein Leben in zwanzig Jahren aussieht.«

»Vielleicht habe ich zu weit vorgegriffen. Sagen wir zehn, zehn Jahre. Wie sieht dein Leben in zehn Jahren aus?«

Er hatte es probiert, hatte die Augen geschlossen und versucht, sich etwas vorzustellen, aber er hatte nichts gesehen, seine Zukunft schien ebenso unausgefüllt zu sein, wie seine Vergangenheit als Kind voll gewesen war.

»Nichts. Ich sehe nichts.«

»Na, so was«, hatte Caterina nur gesagt. Es war das

erste Mal, dass sie einem Mann begegnete, der keine Träume hatte.

Aldo war auf der Halbinsel von Sorrent geboren worden, im Süden des Golfs von Neapel, in einer Stadt, die es noch nicht gab, als Odysseus und seine Gefährten gewarnt wurden, dass sie gerade auf die Insel der Sirenen zusteuerten, jener Wesen, die der antiken Überlieferung zufolge halb Frau, halb Vogel waren. Jeder kennt die Legende, in der Odysseus seine Männer dazu anhält, sich die Ohren mit Wachs zu verschließen und ihn selbst am Mast festzubinden, damit er den magischen Gesang hören kann, ohne sich, betört von den zauberhaften Wesen, ins Wasser zu stürzen. Während seine treuen Männer rudern, ist Odysseus gebannt, aber er kann sich nicht von seinen Fesseln lösen, und seine Mannschaft, die durch das Wachs nichts hört, treibt das Schiff voran. Die Sirene Parthenope glaubt deshalb, dass ihr Zauber nicht mehr wirkt, und wirft sich verzweifelt ins Meer. Ihr toter Körper wird auf der Insel Megaride angeschwemmt, wo die Griechen später die Stadt Neapolis gründen, die »neue Stadt«: Neapel. Als Aldo an jenem Abend auf der Mauer dieser mitgenommenen Stadt saß, die Füße über dem Wasser, die Augen auf die Wellen geheftet, begriff er, dass auch er sich hat fesseln lassen, um nicht zu ertrinken, aber dass er vergessen hatte, darum zu bitten, man möge ihn wieder befreien. Weit entfernt hörte er noch das Leben mit all seinen Wundern, aber dieses Leben schien ihn inzwischen schon so lange davon abzuhalten, es zu genießen, dass er sich nicht mehr ganz frei fühlte. Nicht, dass er unglücklich gewesen wäre, ganz im Gegenteil, er war offen und aufmerksam gegenüber anderen. Doch das Jahr mit der Pandemie und dem notgedrungenen Alleinsein hatte ihn noch mehr davon abgehalten, Erfüllung zu finden, zu lieben, ein Feld vorzurücken in diesem großen Spiel, dessen Regeln ihm immer undurchsichtiger erschienen. Er wollte so gern, wusste aber nicht, wo er anfangen sollte. Gab es vielleicht ein Handbuch des Lebens, das seine Eltern ihm nur vergessen hatten zu geben? Unbeholfen dachte er auf dem Rückweg darüber nach, nachdem er Caterina nach Hause begleitet hatte.

Sie sahen sich immer häufiger. Sie war einfach so in sein Leben getreten, kess und immer zu Scherzen aufgelegt. Sie war eine, die gern Interesse an anderen bekundete und beim Lachen, ein Weinglas in der Hand, den Kopf in den Nacken warf. Ihr rundlicher Körper war weich und bildete ein Gegengewicht zu ihrem jungenhaften Haarschnitt und dem kantigen, wie mit dem Cutter zurechtgeschnittenen Gesicht. Ein Körper wie von Botticelli und ein Gesicht wie von Modigliani. Sie hatte oft Zeit, weil ihr Mann Steward war, und während er durch die Welt flog, kümmerte Caterina sich um ihre heranwachsenden Kinder, die gern allein blieben, wenn ihre Mutter ausging. Es lag nichts Doppeldeutiges in ihrem Verhalten, und Aldo genoss die Freundschaft mit einer Frau. Sie wohnten zwanzig Minuten voneinander entfernt. Wenn sie den Abend gemeinsam verbrachten, ging Aldo lieber auf Nummer sicher, dass sie gut nach Hause kam, und setzte sie immer vor der Haustür ab.

An jenem Abend konnte er nicht schlafen. Vermutlich der Alkohol? Das weiße Blatt Papier, das Caterina ihm zum Ausfüllen angeboten hatte, indem sie ihm von seiner nicht greifbaren Zukunft erzählte? Das Laufen? Woher soll man wissen, wohin der Schlaf verschwindet?

Diese erste schlaflose Nacht ärgerte ihn überhaupt nicht, sondern rief eine Art Erregung hervor und das Gefühl, gegenüber allen anderen Zeit zu gewinnen, eine Extraportion Leben. Er hatte ganz einfach keine Lust zu schlafen und legte sich nicht ins Bett. Nicht um zwei Uhr, nicht um vier Uhr, nicht um fünf Uhr dreißig. Er hörte die Glocken läuten und sah die Sonne aufgehen, ohne auch nur zu gähnen, und er fühlte sich bereit für seinen Arbeitstag.

Wie jeden Tag zog er seinen etwas zu warmen Anzug an, ging die Via Port'Alba hinunter, bog vor dem Archäologiemuseum ab und machte im Café Nube halt, wo Mauricio ihm unverzüglich einen Kaffee und ein *cornetto semplice* brachte, die einfache, süßere und trotzdem köstliche Variante eines französischen Croissants. Er grüßte mich, indem er die Augenbrauen hochzog, lachte über die schlechten Witze von Doktor Chen, »*Warum leben so viele Fische im Salzwasser? Weil sie im Pfefferwasser niesen müssten ... Soll ich noch einen erzählen?*«, und setzte seinen Weg zur Bushaltestelle fort. Die hübsche Frau war wie jeden Tag da, und wie jedes Mal wechselten sie begierige Blicke – ohne dass daraus etwas folgte. Dann fuhr er zur Haltestelle Marina-Duomo, wo der Minivan seiner Firma jeden Morgen auf die Angestellten wartete, um sie zu ihrem Arbeitsplatz in der Nähe des Stadio Diego Armando Maradona zu bringen.

Aldo war für die Qualitätssicherung in einer Fabrik verantwortlich, die Schaufensterpuppen herstellte. Das große Backsteingebäude befand sich im Westen der Stadt in der Ebene von Bagnoli. Seine Arbeit bestand darin, Oberkörper unechter Menschen mit idealen Maßen zu prüfen. Keine falschen Nahtstellen, keine mangelhaften Körpermaße, keine unschöne Füllung, ansonsten schickte Aldo sie zurück. Mutterhaus der Firma Boromino belieferte die angesehensten Geschäfte der Region, aber auch große Modehäuser wie Schiaparelli in Rom und sogar Dior in Paris. Es war eine anspruchsvolle Arbeit, ihre Kundschaft hätte nicht den kleinsten Fehler akzeptiert.

An diesem Tag traf er Caterina nicht, sie arbeitete in der Buchhaltung im angrenzenden Gebäude. Am Abend ging er erschöpft nach Hause und hatte vor, nach einer kleinen Mahlzeit rasch einzuschlummern. Aber kaum dass er sich in seinem Bett ausstreckte, verschwand die Müdigkeit. Es war noch früh am Abend, er dachte, sein Körper sei es nicht gewöhnt, so früh ins Bett zu gehen, und die vorherige Nacht zähle nicht, sie sei nur eine geschenkte Nacht gewesen. Er stand wieder auf und schaltete den Fernseher ein. Auf Rai lief eine Wiederholung von *Diebe haben's schwer* mit Vittorio Gassman und Marcello Mastroianni, Aldo hielt sich vor Lachen den Bauch. Ein Rädchen in seinem Hirn begann allerdings, seine Angst in Gang zu setzen, er hörte seine eigene Stimme lachen angesichts dieser Tragödie, die zur Farce geriet und Elend und Komik miteinander verband, und er dachte: Wenn der Schlaf nun nie wiederkommt? Er versuchte, den Gedanken zu vertreiben, indem er sich auf den Film konzentrierte, aber als die bedauernswerten Hauptfiguren anstelle von Diebesgut Nudeln mit Kichererbsen vorfinden, sagte er sich: Ich werde nie

wieder schlafen, jetzt bin ich mir sicher. Der Film machte sich über ihn lustig, über sein armseliges Leben, das
von nun an keinen Schlaf mehr verdiente.

Am nächsten Morgen am Tresen des Café Nube bestellte er einen zweiten Kaffee, um durchzuhalten. Er
trank noch einen weiteren in der Frühstückspause und
zwei Stunden später einen vierten vor dem Büro seines
Freundes in der Personalabteilung, er hielt durch mit
Koffein und einer Art wahnhaftem Rausch, der sein
Herz schneller schlagen ließ. Sobald der Mond in den
darauffolgenden Tagen am Himmel über Neapel auf-
tauchte, las er, versuchte einen Tischtennisball in eine
Tasse zu werfen und schrieb Listen mit Ländern, in die
er gern reisen wollte, er hatte sich sogar ein Malbuch
mit Tieren der Savanne gekauft, in dem er, ohne über-
zumalen, alle Bilder fertigstellte. Aber ihm kam unablässig dieselbe Frage: Könnte es sein, dass ich keine
Zukunft habe? Keine Frau, die ich liebe? Kein Kind, das
ich großziehe? Könnte es sein, dass ich sterbe, bevor es
Tag wird? Und falls ja, warum dann schlafen? Schlafen
die zum Tode Verurteilten in der Nacht vor ihrer Hin-
richtung? Die Nächte verwandelten sich ins Vorzimmer
seiner Angst. Die Panik, dass es hell würde, bevor er
einschlafen konnte, hatte ihn fest im Griff. Nach einer
Woche ohne den geringsten Schlaf, unterbrochen nur
von ein paar Schwindelanfällen während der Arbeit, die
ihn sofort, schweißgebadet und panisch, aufschrecken
ließen, als wisse er nicht, wo er war oder warum er an
diesem Ort wieder zu Bewusstsein kam, machte er sich
auf die Suche nach einem Arzt.

Erstaunt stellte er fest, dass es Fachärzte für Schlafmedizin gab. Er war beruhigt, nicht der einzige Neapolitaner zu sein, der nachts nicht schlafen konnte, es sei denn, alle anderen hatten Schwierigkeiten mit dem Aufwachen. War er der Einzige? Nein, das sei er nicht, erklärte ihm Doktor Licenzo amüsiert und behutsam, der behauptete, nachdem er Aldo vierzig Minuten im Wartezimmer hatte sitzen lassen, wo eine Kuckucksuhr ihn geärgert hatte, er könne ihn umgehend heilen. In seinem kleinen dunklen Sprechzimmer oben in der Via Scarlatti hätte Aldo auf der Stelle einschlafen können. Er war mit dem Bus in das schicke Viertel Vomero gefahren. Der Arzt, der sich wohlweislich in einer reichen Gegend angesiedelt hatte, sagte scherzhaft: »Der Schlaf ist ein Problem der Reichen; wenn du zehn Stunden in der Fabrik schuftest, fällst du am Abend wie ein nasser Sack ins Bett.« Dabei arbeitete Aldo doch hart. Er hatte kein Geld, um zu faulenzen. Außerdem erklärte er dem Arzt, er sei alleinstehend und nichts habe seinen Schlaf je gestört.

»Schlaflosigkeit ist ein Symptom, keine Krankheit an sich, ein bisschen so, wie wenn Sie Fieber haben. Natürlich werde ich Sie behandeln, aber wir müssen die Ursache finden. Haben Sie das Syndrom der ruhelosen Beine? Sie scheinen mir nicht übergewichtig zu sein, wissen Sie, ob Sie schnarchen? Hatten Sie kürzlich einen psychischen Schock, oder gibt es ein Trauma, das wieder hochkommt? Wohnen Sie an einem lauten Ort?«

Aldo schüttelte den Kopf. Der Arzt kratzte sich am Kinn.

»Haben Sie Träume, die Ihnen Angst machen oder die Sie verstört haben? Das kann auch lange her sein, in Ihrer Kindheit. Erinnern Sie sich an Albträume?«

»Nein. Ich glaube nicht. Sie haben sich bestimmt in meiner Erinnerung verkrochen, als ich ganz klein war, aber ich habe den Eindruck, dass die meisten meiner Träume, wie soll ich sagen, inhaltslos sind.« Wie mein Leben, dachte er, ohne dass er es auszusprechen wagte.

»Haben Sie sich in letzter Zeit verliebt?«

»Ich … Was hat das damit zu tun?«

»Liebe setzt große Mengen an Hormonen im Blut frei. Das Stressniveau steigt, man hat keinen Appetit und schläft nicht …«

»Aha. Nein, nein ich bin nicht verliebt.«

»Hoffen wir, dass sich das ändert … nach einer guten Nacht mit viel Schlaf! Das kriegen wir schon hin.«

Zunächst empfahl der Arzt ihm, keinen Kaffee mehr zu trinken. Dann ließ er ihn aufschreiben, was ihm alles Angst machte in Bezug auf das Schlafen:

»Jetzt?«

»Ja, nehmen Sie sich ein Blatt Papier und machen Sie eine Liste.«

Er hatte noch nie darüber nachgedacht, er war sich nicht sicher, ob er vor irgendetwas Angst hatte.

»Denken Sie nicht zu viel nach«, sagte der Doktor gereizt.

Aldo schrieb:

- Das Loslassen
- Dass jemand mir beim Schlafen zusieht, ohne dass ich es weiß

- Dass das Leben vergeht und dass ich zu spät aufwache, wenn ich schon alt bin
- Die Träume (mehr als die Albträume)
- Nie wieder aufzuwachen
- Die Schwäche
- Die Geräusche, die der Körper macht
- Die Verdauung (der Weg durch das Labyrinth meiner Gedärme)
- Die Knochen unter meiner Gesichtshaut

Er war erstaunt darüber, was er alles aufschrieb. Er wusste nicht, dass er diese Dinge in sich hatte. Der Arzt bat ihn, das Papier zu falten und es zu verbrennen, bevor er sich schlafen legte.

»Lesen Sie es nicht?«

»Nein, ich schlafe sehr gut.«

»In Ordnung ... Ich verbrenne es also? Vor dem Schlafengehen?«

»Direkt vorher. Wenn Sie sich die Zähne geputzt, den Schlafanzug angezogen und das Licht ausgemacht haben. Es ist das Letzte, was Sie tun, bevor Sie sich unter die Decke legen.«

Am Ende der Sitzung, als der Doktor schon im Begriff war, aufzustehen, betonte er noch einmal: Keinen Kaffee mehr! Selbst wenn Aldo ein, zwei Tage erschöpft wäre, würde er am Ende einschlafen.

»Alle schlafen am Ende immer ein. Machen Sie sich keine Sorgen, Aldo.«

Bei diesen Worten klingelte das Telefon, und der Doktor nahm ab, nicht ohne sich zu entschuldigen. Die Stimme seiner Frau drang durch den Hörer. Da wich seine Überheblichkeit, seine Schultern wölbten sich, und auch er schien mit einem Mal sehr müde. Doktor Licenzo hatte keine Kontrolle über das Chaos in seinem Leben, sich um das seiner Patienten zu kümmern, verlieh ihm Sinn. Wenn seine Privatsphäre in sein Berufsleben eintrat, geriet er stets in Panik. Beherrscht, aber ärgerlich sagte er: »Ich bin in einer Beratung. Ich rufe dich zurück«, und legte auf, obwohl seine Frau ihn nach wie vor anbrüllte. Dann murmelte er etwas und sprach von einem Hippocampus mit drohendem Gedächtnisverlust, sollte die Schlaflosigkeit anhalten. Aldo verstand nicht alles, er fragte, wie viel er ihm schulde, und der Doktor antwortete, er solle ihn nach einer Nacht bezahlen, in der er richtig gut geschlafen habe. Sie vereinbarten, sich in der nächsten Woche wiederzusehen, am gleichen Tag, zur gleichen Zeit. Als Aldo ging, fasste der Doktor ihn bei der Schulter und sagte teilnahmsvoll: »Träumen Sie was Schönes, Aldo.«

Eine gute Stunde später, als er seinen Schlafanzug zugeknöpft hatte, verbrannte Aldo sich die Finger an seinem Zettel über dem Waschbecken. Nachdem er sie mit Wundsalbe eingecremt hatte, legte er sich hin. Das Bett war frisch bezogen, durch das offene Fenster kam ein leichter Wind herein. Die Bedingungen waren perfekt. Bestimmt hatte der Arzt ihn geheilt.

Doch die Stunden vergingen, er wälzte sich hin und her, suchte eine kühle Stelle in seinem Bett, legte sich in eine andere Position und verbot sich, aufzustehen und irgendetwas zu tun. Schließlich erinnerte er sich, dass der Arzt ihm geraten hatte zu lesen, aber er kannte schon alles, was in seinem Regal stand. Als Kind hatte er

Abenteuerromane gemocht, dann hatte er es sich dummerweise abgewöhnt, Bücher zu kaufen und in seinen Alltag zu integrieren. Mochte es auch noch so absurd erscheinen, Aldo fühlte sich zu müde, um einzuschlafen. Am nächsten Tag war er so erschöpft, dass er reflexhaft seinen Kaffee bestellte, aber als er ihn gerade trinken wollte, besann er sich und bot ihn der Frau neben sich an, ohne sie weiter zu beachten, er war in einen Dunst gehüllt, und sein ganzer Körper schrie nach Schlaf, aber der war nicht so gütig, zu kommen. Die junge, zurückhaltende Frau war erstaunt über das Geschenk, umso mehr, als sie begriff, dass keine Anmache dahinterstand, sondern etwas, das sie vermutlich nicht kapierte, denn der freundliche Koffein-Spender bog bereits um die Straßenecke, als sie sich bei ihm bedanken wollte. Am nächsten Tag eröffnete Mauricio ihm, dass die nette rothaarige junge Dame ihm einen frisch gepressten Orangensaft an der Tafel hinterlassen habe, eine Überraschung, die ihn amüsierte und ihn daran erinnerte, dass er seinen morgendlichen Espresso nicht bestellen durfte. Er verschlang ein Croissant mit seinem roten Orangensaft aus sizilianischen Blutorangen und bezahlte einen *caffè sospeso*, als würde der irgendeine Wirkung bei ihm entfalten, als müsste er nur vorhanden sein, damit er eine Auswirkung auf sein Leben und seinen Tag hätte. »Ist der für die junge Dame?«, fragte Mauricio belustigt.

»Gern«, antwortete der arme, beinahe schlafwandelnde Aldo, der die Spöttelei noch nicht einmal bemerkte.

Im Bus schenkte er der hübschen Dame, die er jeden Morgen traf, keinerlei Aufmerksamkeit. Ihm war übel, er fühlte sich matt. Caterina geriet in Panik, als sie ihn sah. Sie dachte, er sei krank. Aldo erzählte ihr, der Schlaf habe ihn sitzen gelassen, und das sei bei Weitem der schlimmste Liebeskummer, den er je gehabt habe. Denn man muss wissen, Aldo hatte schlafen, dösen, Siesta halten immer geliebt, und er dachte, dieses eine sei ihm sicher. Nie hätte er geglaubt, der Schlaf könnte ihn verlassen. Caterina sah sofort eine Verbindung zu der unausgefüllten Zukunft, über die sie gesprochen hatten, und weil sie darauf bedacht war, Aldos Zukunft zu füllen – zumal ihre eigene vollgestopft war von zwei Rotznasen, die inzwischen Pickelgesichter waren und die sie zu früh mit einem ungehobelten Mann bekommen hatte –, vereinbarte sie einen Termin für ihn bei einem Medium und Numerologen, der sich Magier Medusa nannte. Sie hatte keine Ahnung, dass die Sache wiederum etwas mit dem Loslassen zu tun haben würde, gleich mehrmals. Zunächst wurde der besagte Magier ernsthaft krank und wusste nicht, wann er wieder in der Lage wäre zu arbeiten. Caterina traute sich kaum, Aldo Bescheid zu geben, und machte sich auf die Suche nach einem Ersatz-Medium.

Am nächsten Morgen glaubte Aldo, ein, zwei Stunden ansatzweise geschlafen zu haben, und wollte gerade seinen gepressten Orangensaft trinken, als er überrascht bemerkte, dass seine unsichtbare Freundin ihm zum Saft auch ein Buch dagelassen hatte. Und was für eins! *Krieg und Frieden* von Tolstoi. Darunter würde er bestimmt zusammenklappen.

Am selben Abend legte er sich mit seinem Buch hin und tauchte ein ins Moskau von 1805, eine Zeit des zerbrechlichen Friedens. Die Bolkonskis, die Besuchows und die Rostows tanzten in seinem Kopf, anstatt ihn müde zu machen, die gesamte russische Aristokratie regte ihn auf ganz besondere Weise an und hielt ihn wach.

Es ist, als hätte er einen neuen Teil von sich betreten. In Italien ist es mitten in der Nacht, als der Krieg im Roman ausbricht, und er begreift, dass das Schicksal die Menschen in die Knie zwingt, dass es stärker ist als sie. Und das bringt ihn zu einer Fragestellung, die ihn umtreibt: Entscheidet etwas, das stärker ist als ich, über meinen Schlaf?

Die Hellseherin, die Caterina nach dem Zauberer angefragt hatte, stürzte am Tag des Termins auf der Straße, sie brach sich alle möglichen Knochen, die Ärzte hatten so etwas noch nie gesehen. Von den zweihundertsechs Knochen im menschlichen Körper waren nur noch neunzig heil. Sie meinte, ihr Körper wolle sie daran erinnern, dass es ihn gab und dass sie nicht mehr mit abstrakten Kräften kommunizieren solle. Sie las nie wieder aus der Hand.

Als der Numerologe an einem Herzinfarkt starb, just als Aldo schließlich doch an dessen Tür klingelte, war er wirklich beunruhigt. Konnte es sein, dass er gar kein Schicksal hatte? Dass nichts für ihn vorgesehen war? Und wäre er dadurch frei oder, im Gegenteil, von allen Göttern verlassen?

Als er bei der Arbeit war, erzählte er sofort Caterina davon, sie wollte ihn beruhigen und machte sich aus Taktgefühl nicht über seine Angst lustig, sie ertrug sie wohlwollend mit ihm und begriff, dass er eine seltsame Seite an sich hatte. Er erzählte ihr auch von der Geschichte

mit dem *caffè sospeso*, dem Orangensaft und dem Buch …
Bei der Erwähnung einer anderen Frau spürte Caterina
einen Hauch von Eifersucht in sich aufkeimen. Sie fragte so unschuldig wie möglich: »Ist sie hübsch?«

Aldo gab zu, er habe keine Ahnung, und vermutlich
sei es die Schönheit dieser unsichtbaren Beziehung, die
ihm besonders gefiel. Er überlegte, was er der Frau im
Gegenzug schenken könnte, und am nächsten Morgen
hinterließ er der rätselhaften Spenderin mit seinem *caffè*
sospeso eine seiner Platten von Miles Davis und ihren
Roman von Tolstoi. Vielleicht war sie eine erhabene
Schönheit? Caterina hatte seine Fantasie geweckt.

In der Mittagspause sträubte Aldo sich häufig, raus-
zugehen. Seit der Schließung mehrerer Stahlfabriken
war die Gegend, in der er arbeitete, trostlos, und es gab
nur noch ein paar schlecht instand gehaltene, düstere
Restaurants und einen Sandwichladen, vor dem man
Schlange stehen musste. Wenn Caterina mitkam, war es
lustig, manchmal brachte sie ihm sogar ein in Alufolie
gewickeltes Stück Feigentarte mit. Ansonsten kaufte
Aldo sich morgens lieber ein Stück Pizza und blieb zum
Essen in der Fabrik. Durch eine Glasscheibe schaute er
den Schwestern Garinelli dabei zu, wie sie die Schaufensterpuppen aus Celluloid nach traditioneller Art be-
malten, die noch von einigen Kunden bestellt wurden.
Er sah, wie die Gesichter lebendig wurden, und dachte,
dass ihm selbst das Gegenteil widerfuhr. Seine Augen
verweigerten es, sich zu schließen, er wurde farblos. Die
Schwestern wiederholten die Gesten ihrer Mutter und
Großmutter. Die Fabrik war 1830 gegründet worden,
und seither hatten sich nur die Maße der Puppen ge-

ändert. Die Menschen mussten immer dünner werden. Wie weit würden wir noch schwinden? Alles ließ Aldo an den Tod denken, und nach so vielen schlaflosen Nächten wurde er panisch. »Wenn ich schlafe, dann bin ich erledigt, derart erschöpft, wie ich bin, werde ich nie wieder aufwachen.«

Da hatte Caterina eine Idee.

»Wie wäre es, wenn wir an den Strand fahren? Nach der Arbeit. Ja, im Meer zu baden, das täte dir gut.«

Aldo hat keine Kraft, sich der Begeisterung von Caterina zu widersetzen, die ihn in den Bus schleppt. Sie setzt ihm ihre Kopfhörer auf, um ihm Musik vorzuspielen, und lächelt ihn an.

Nun è campagna: è mare, mare verde.
'Nu golfo d'erba, 'na scugliere 'e fronne,
ca luntano se perde
sotto'ô cielo d'está ...
E pe 'stu mare verde senza fine,
suonno d'a vita mia,
cchiù carnale e gentile
tu cammine cu me ...

Es ist klangvoll wie eine fremde Sprache. Aldo treibt dahin, berauscht von seiner Müdigkeit. Caterina strahlt. Sie steigen an der Piazza Vittoria aus, um an den Strandabschnitt bei der *colonna spezzata* zu gehen. Aldo gerät in Panik:

»Das ist der Strand der Toten, ich werde ertrinken, darum hat die Seherin nichts gesehen.«

189

»Sei nicht albern! Das Meer ist spiegelglatt, nach dem Schwimmen kannst du gut schlafen, du wirst schon sehen.«

»Ich habe noch nicht mal eine Badehose dabei!«

Sie tollen in Unterwäsche im Wasser herum, verbunden in reiner, beinahe kindlicher Freundschaft, dann essen sie ein Eis. Sie besteht darauf, ihn ausnahmsweise einmal bis an seine Haustür zu begleiten. Caterina redet, sie gestikuliert, ist raumgreifend, damit Aldos Angst sich nicht breitmacht, gern würde sie ihn erschöpft zurücklassen, bereit, sich dem Schlaf hinzugeben. Sie überschüttet ihn mit Anekdoten, erzählt ihm, woher die Schaufensterpuppen kommen, die sie herstellen, und dass das Wort Mannequin auf Niederländisch kleiner Mann bedeutet, einst seien es Pagen gewesen, die sich in den Kleidergeschäften auf dem Laufsteg präsentiert hätten, denn im Mittelalter hätten Frauen sich in Flandern, wo die Haute Couture hergestellt wurde, nicht in der Öffentlichkeit zeigen können.

»Hörst du mir eigentlich zu? Aldo, hörst du mir zu?«
»Nein.«
»Das ist ja großartig. Wir stehen vor deiner Haustür, na los, geh schnell schlafen!«

Beruhigt geht er hinauf, geschafft! Aber nein, der Schlaf kommt nicht. Für eine Stunde vielleicht? Noch nicht einmal.

Eine Woche nach seinem ersten Termin saß Aldo wieder im Wartezimmer von Doktor Licenzo. Dieses Mal horchte der Arzt ihn ab. Aldo war so müde, dass man unter seiner Haut die Spuren seiner Kinderkleidung ahnen konnte. Er wirkte wie ein Kind im Schlafanzug. Seine Augen brannten, und er zwinkerte unablässig.

»Es scheint nicht besser zu sein.«

»Nein, nicht so recht. Wie lange schafft man es, ohne zu schlafen?«

»Der Rekord liegt, wenn ich mich recht erinnere, bei elf Tagen, der Mann wurde unter Psychopharmaka gesetzt. Sie haben den Eindruck, überhaupt nicht zu schlafen, aber in den langen Nächten nicken Sie manchmal ein, und sei es nur für eine halbe Stunde, Sie sind bloß zu erschöpft, zu besessen von dem fehlenden Schlaf, um zu begreifen, dass Sie schlafen.«

»Ich glaube, ich werde verrückt. Ich warte darauf, dass es hell wird, und bei Tagesanbruch glaube ich, Dämmerlicht zu sehen statt sanfter Sonnenstrahlen. Ich glaube, dass der Tod darauf wartet, dass ich einschlafe, damit er sich auf mich stürzen kann.«

»Das ist völlig normal. Die Menschen haben schon immer geglaubt, dass der Tod und der Schlaf Geschwister sind. Im antiken Griechenland hat Nyx, die Nacht, zwei Kinder: Hypnos und Thanatos, Zwillingsbrüder, die in der Unterwelt leben, in einer fremden Welt, einer Art stockfinsterem Abgrund, aus dem die Träume aufsteigen, die durch zwei ganz unterschiedliche Türen zu uns gelangen – die erste ist eine Tür aus Horn und führt zu Träumen, die uns warnen, die zweite ist aus Elfenbein und lässt Träume hindurch, die unwahr sind.«

»Das klingt alles sehr schön, aber währenddessen schlafe ich nicht.«

Am nächsten Tag im Café Nube hatte die rätselhafte Frau ihm ein Buch von Italo Svevo dagelassen, von dem er noch nie gehört hatte, *Zenos Gewissen*, obwohl es ein Meisterwerk der italienischen Literatur ist, vermutlich einer der ersten von der Psychoanalyse beeinflussten Romane.

Im Vorwort berichtet ein fiktiver Psychoanalytiker, Doktor S., seinem Patienten, Zeno Cosini, verordnet zu haben, sein Leben aufzuschreiben, um die Ursache seiner Beschwerden zu verstehen. Da dieser die Behandlung abgebrochen hat, beschließt Doktor S., weil er sich nach Rache sehnt, die Autobiografie zu veröffentlichen. Zeno ist schüchtern und hypochondrisch und fühlt sich nicht wohl in seiner Haut. Aldo konnte nicht umhin, sich mit ihm zu vergleichen. Er fragte Caterina, was sie davon halte.

»Du machst wohl Witze, das ist ein alter Mann, der die Schwester der Frau geheiratet hat, die er liebt.«

»Du hast recht. Er ist besser als ich! Er hat zumindest geliebt, er hat gelebt. Und ich? Nichts!«

»Aldo, niemand hindert dich daran, zu lieben.«

Aldo hatte sich einen Satz aus dem Roman gemerkt: »Ich war nicht ruhig. Vielleicht ist es mein Schicksal, es nie zu sein.« Und wenn dasselbe für ihn galt? Er fand keinen Frieden, obwohl sein Leben ein nahezu unbeschriebenes Blatt war.

Caterina erzählte ihm von Bibliotherapie, sie hatte gelesen, dass man durch Lektüre gesund wurde. Vielleicht war es das, was diese Frau mit ihm versuchte?

»Du weißt doch, wie man sich von sich selbst löst, wenn man liest, und wie man dabei gleichzeitig zutiefst man selbst ist. Na ja, genauso ist es mit dem Schlaf. Bücher sind Träume, die jemand anderes uns ausleiht.«

»Aber sie weiß doch überhaupt nichts über mich. Nicht, dass ich nicht schlafe. Nicht, dass ich Angst habe. Nichts.«

»Vielleicht will sie, dass du die Augen öffnest. Und etwas siehst, das genau vor dir liegt, du kennst doch die Redewendung *direkt vor deinen Augen*!«

»Aber ich versuche ja gerade, sie zu schließen ...«

»Genau ... Und warum? Was willst du nicht sehen, nicht zugeben?«

»Das ist zu kompliziert für mich, Caterina! Ich verstehe ja schon keine Anspielungen nach einer schlaflosen Nacht. Und hier komme ich gar nicht mehr mit!«

Nach der Arbeit ging Aldo mit Mühe zum Café Nube, denn hin und wieder stieß er gegen einen Laternenpfahl. Er fragte Mauricio, wer diese junge Frau sei und wie er Kontakt zu ihr aufnehmen könne. Heute hatte sie ihm eine Postkarte hinterlassen. Aldo nahm sie mit klopfendem Herzen entgegen, und da stand: »Bin sechs Monate weg, Ihre Kaffees werden mir fehlen, ich habe mir Ihre Jazzplatte ausgeliehen und lasse Ihnen dafür mein Buch da.«

Aldo meinte, seine letzte Hoffnung schwinde. Er ging hinauf zu seiner Wohnung und starrte völlig gebrochen an die Decke. »Wenn nur der Schlaf oder der Kronleuchter auf mich stürzen würden!«, dachte er. Das Telefon klingelte. Caterina ließ gern die Weihnachtsbeleuchtung

bis in den März hinein an und schaffte ihren Tannen-
baum erst aus der Wohnung, wenn er gelb war und
kaum noch Nadeln hatte. Das machte ihren Ehemann
ganz verrückt, der am nächsten Tag zurückkam, und sie
wollte gern, dass alles perfekt war. Darum rief sie Aldo
an und bat ihn um Hilfe, um den toten Baum hinaus-
zuschleppen.

Kaum ist er durch die Tür getreten, da begreift Caterina.
In diesem Augenblick ist alles perfekt, ganz einfach, weil
sie zusammen sind, trotz des halb nackten Tannenbaums
und der Krümel der Kinder auf dem Sofa. Sie weiß nicht,
wie sie es anders als mit einem Lächeln ausdrücken soll,
ist sich aber sicher, dass etwas so Offensichtliches sich
mitteilt und dass Aldo trotz seiner schlaflosen Nächte
dasselbe fühlt. Er sieht sie an diesem Abend anders als
sonst, sie trägt eine einfache Jeans und ein T-Shirt, hat
die Haare mit einem Bleistift hochgesteckt und ist bar-
fuß. Zarte Füße, die er vorher nie betrachtet hat. Er findet, dass sie hübsch ist. Sie bietet ihm einen Kräutertee
an, weil er kein Tein trinken soll; selbst das ist noch zu
stark für ihn! Das finden sie lustig.

»Ein Kamillentee für den Opa?«

Sie geht und macht sich mit ihren hübschen nackten Füßen in der Küche zu schaffen. Aldo ist in einem Zustand,
in dem eine bestimmte Art von Gedanken, die in seinen Gefühlen hausen, von ihm abgelassen hat. Er denkt
nichts, fühlt sich aber sehr wohl, eingekuschelt auf dem
blauen Samtsofa mit den rauen Kissen. Er lässt sich noch
etwas tiefer sinken und schaut sich im Zimmer um, be-

trachtet die Fotos von Caterina, die Kinder, die von Foto zu Foto größer werden, die Liebe, die weniger wird. Er denkt: »Ich würde gern in einem Haus wie diesem wohnen.« Eine Kerze brennt auf dem Couchtisch, es riecht nach gehackten Kräutern. In der Ferne hört Aldo den Wasserkocher, Caterina, die pfeift. Sie legt Blumen auf das kleine Tablett und prüft im Spiegel, ob der schwarze Strich unter ihren Augen nicht verwischt ist. Als sie mit dem Kräutertee und einem Keksteller zurückkommt, schläft Aldo tief. Da begreift sie, dass er sie liebt.

FINALE

Ich habe sein Klopfen am Holz der Tür erkannt, wie man eine Stimme erkennt. Obwohl Mauricio nur selten hochkommt, um mich zu Hause zu besuchen. Wir haben uns auf die beiden verschiedenen Stühle an meinen Resopaltisch gesetzt. Manchmal trage ich ihn auf den kleinen Balkon, aber seit einiger Zeit fehlt mir der Elan. Tagsüber ist es zu heiß, am Abend ein bisschen kühl, und die Tauben wollen oft etwas von meinem Abendessen abhaben. Der Tisch steht mitten in meinem Wohnzimmer, das ebenso meine Küche und mein Esszimmer ist. Meine Schränke sind leer. Ich weiß nicht, was ich ihm anbieten soll, ich habe so selten Besuch. Ich besitze keine Kaffeemaschine, noch nicht einmal eine kleine Kanne aus Stahl, die ich auf meine Kochplatte stellen könnte. Ich trinke nur unten Kaffee, im Nube. Als ich Mauricio das sage und mich dafür entschuldige, muss er lachen. Ich hole zwei unterschiedliche Gläser, wir begnügen uns mit Leitungswasser. Es ist still. Mir wird klar, dass er tatsächlich fast nie hergekommen ist. Es war die Wohnung seines großen Bruders, bevor er nach Afrika ausgewandert und nie zurückgekehrt ist, vielleicht gibt es hier zu viele Erinnerungen, er scheint sich nicht wohlzufühlen, er schaut auf seine Schuhe. Ich spüre, dass es etwas Wichtiges gibt, das er mir sagen will. Ich hoffe, er ist nicht krank. Ich denke, ich sollte lieber nichts sagen und mich zurückhalten, es muss von ihm selbst kommen. Aber:

»Bist du krank, Mauricio?«
　　　»Schlimmer.«
　　　»Bist du tot?«
　　　»Noch schlimmer.«

Wir lächeln, aber dann frage ich nach, was noch schlimmer ist.

»Ich habe das Café verkauft«, sagt er.

Er wiederholt es für mich, als hätte ich das Recht, eine Meinung zu seiner Entscheidung zu haben. Und das rührt mich.

»Das Café und die Wohnung. Beide Stockwerke. Ich habe alles verkauft.«

Ich weiß nicht, ob er davon ausgeht, dass ich mich für ihn freue.

»Ja?«

»Ja, an Idioten aus Rom. Idioten, die ein Hotel daraus machen wollen. Ein Boutique-Hotel, so nennen sie das. Sie haben amerikanische Investoren. Sie haben mir viel Geld geboten. Ich konnte nicht ablehnen.«

»Und wann muss ich gehen?«

»Innerhalb eines Monats, Jacques, innerhalb eines Monats, denn wir haben nie einen Mietvertrag unterschrieben, du und ich. Offiziell gehörst du zur Familie. Ich kann ihnen nichts Schriftliches vorweisen.«

»Ich verstehe.«

»Du gehörst zur Familie.«

Wir trinken langsam unser Wasser. Wir schauen weg.

Die Dächer Neapels drängen sich in den Vordergrund, das ist meine Stadt, die mich im Stich lässt. Ich sehe sie mit neuen Augen, nachdem ich sie lange gar nicht mehr angesehen habe, wie man das Gesicht von Menschen wiederentdeckt, die uns verlassen. Ich habe mich zugleich lebendig und wie auf der Durchreise gefühlt in dieser Stadt der Ewigkeit. Kein anderer Ort auf der Welt hätte mit solcher Leichtigkeit meine Angst zu sterben so sehr besänftigen und mein Leben hintanstellen können.

»Du verlässt die Wohnung, aber Neapel ist noch dein Zuhause, Jacques«, sagt er, als hätte ich laut gedacht.

Meine Hände mit den Falten, den sichtbaren Venen, ich starre sie an, sie zittern.

»Ich glaube nicht, nein. Es ist Zeit, den Rückweg anzutreten. Das Land meiner Vorfahren die Sache zu Ende bringen zu lassen.«

»Weißt du, es gibt eine neapolitanische Tradition, den *caffè della consolazione*. Wenn man eine Familie, die trauert, trösten möchte, schenkt man ihnen ein Säckchen Kaffeebohnen. Ich bringe dir später welche hoch.«

»Niemand stirbt heute Abend, Mauricio.«

»Nein, aber wenn du nach Frankreich zurückgehst, werden wir uns dann lebend wiedersehen?«

Aus dem uns beiden eigenen Taktgefühl senken wir bei diesen Worten den Kopf und lächeln. Er wartet so lange, bis er aufstehen kann, ohne mich zu verletzen. Ich spüre, dass ihm alles wehtut.

»Und du? Wohin gehst du, Mauricio?«

»Die Kinder wollen nach alldem auf dem Land leben, verstehst du? Das Abgeschottetsein, der Tod von Maddalena ... Ich kann nicht mehr allein leben. Ich werde mit ihnen gehen. Der Mann meiner Tochter hat ein hübsches Haus in Apulien.«

»Und du kochst ihnen Kaffee?«

»Genau«, sagt er und lächelt, aber ich begreife, dass er auf seine Weise seine Frau wiedertreffen wird. Der Erde nah sein, um bald selbst zu ihr zu werden. Wir sind aus Lehm gemacht, aus Blut und Lehm. Wir sind aus Zaghaftigkeit und Dreck gemacht. Aus Hoffnung, Auflehnung, Schweigen und Hass. Mauricios Großvater sagte, Mauricio habe ein weiches Herz, und manche Menschen sind so dumm, das für einen Fehler zu halten.

»Wir werden nie zur Insel Procida fahren.«

»Und auch nicht zur Playboy Mansion, mein lieber Jacques.«

»Verpfuschtes Leben.«

Lachen.

»Ich erzähle dir eine letzte Geschichte über Neapel. Weißt du, was der Munaciello ist?«

»Ist das ein Nachtisch?«

»Das sind Geister, die in unseren Häusern wohnen. Der Munaciello kann Glück oder Pech bringen. Er trägt ein Mönchsgewand und ist hässlich. Der Legende zufolge ist er der missgebildete Sohn einer Frau, die einen Mann geliebt hat ohne die Einwilligung ihres Vaters, und du weißt ja, wie heilig uns Neapolitanern die Meinung der Eltern ist! Der Munaciello kommt durch die Rohrleitungen, um Dinge zu stehlen, aber er ist auch dafür bekannt, Goldstücke in verborgenen Ecken des Hauses zu hinterlassen. Hast du nicht auch solche Ecken in deiner Wohnung, Jacques?«

»Ich glaube nicht, nein. Ich glaube nicht, Mauricio.«

Er hat mich in eindringlicher Stille zurückgelassen. Unmerklich ist es dunkel geworden. Meine Augen voller Tränen, die herunterlaufen, ich weiß nicht mehr, welches Land das meine ist. Wer immigriert ist, wohin auch immer, hat einen Teil dessen, was er ist, hinter sich gelassen und gehört nicht vollständig in das Leben, das er lebt. Nie Zu-Hause-Sein, immer An-sich-Sein, auf der Suche nach dem Ort, an dem wir unseren Koffer eines Tages endgültig abstellen können. Ich glaube, wenn man sein Land verlässt, findet man nie wieder Frieden.

Keines der Möbelstücke gehört mir. Ich hole meinen alten Koffer aus dem Schrank. Ich werde nicht einen Monat lang warten. Ich werde nicht Abschied nehmen.

Dazu habe ich nicht die Kraft. Ich schlafe jetzt ein paar Stunden, und wenn ich aufstehe, bitte ich Chen, mich mit seinem neuen Wagen zum Flughafen zu bringen, oder ich nehme ein anonymes Taxi, damit mein Leben in entgegengesetzter Richtung an mir vorbeizieht. Ich mag es, wenn sich die Dinge runden.

Beim Aufwachen spürte ich als Erstes meinen Hals, als wäre er schon lange vor meiner Nase von dem Duft nach warmer Butter mit Kakao übersättigt gewesen. Nur französische *pains au chocolat* haben diesen schweren, widerlich fettigen, köstlichen Duft. Die Nacht lag noch über der Stadt, langsam kam die Sonne heraus. Ich konnte nicht ausmachen, woher der Geruch rührte. Ich stand auf, verheddert in meinen Kindheitserinnerungen, und die Ladung Schokocroissants war verschwunden, ließ mich aber nicht mehr los. Frankreich gab sein Bestes, um sich bei mir in Erinnerung zu rufen. Und als ich gerade die Wohnungstür zum letzten Mal schließen wollte, sah ich ein Goldstück in der Ecke des Wohnzimmers glitzern. Ich ging hin, um es aufzuheben, und dachte, dass ich Glück hatte, den netten Munaciello kennenzulernen.

Es ist früh, ich traue mich nicht, an der Praxistür von Chen zu klopfen, also hole ich mein Heft heraus und kritzele ihm einen Panda hin, der die Pfote zum Abschiedsgruß hebt. Ich verlasse die Stadt, mein ganzes Leben, arrivederci!

Ich steige in ein Taxi, lasse das Fenster herunter, mein Gesicht im Rückspiegel. Wer bin ich heute? Bin ich so anders als der junge verliebte Mann, der vor so langer Zeit hergekommen ist?

Von den Menschen, die ich geliebt habe, sind mir Monicas Körperwölbungen in Erinnerung geblieben; Alessandros Augen; die Art und Weise, wie Artico meine Hand ergriff und mich glauben ließ, er nehme mich mit in eine Welt, zu der nur ich Zugang hatte. Der Duft des einen; das Gesicht des anderen, über das die Haare im salzigen Fahrtwind des Cabrios hinwegfegen; eine aufsässige Art, das Kinn vor dem Lachen anzuheben; ein Mund, der den Rauch bei jedem Zug an einer Zigarette festhält wie einen letzten Kuss; und ich fühle mich als die Summe all meines Begehrens, in jeder Liebesnacht habe ich mich selbst erschaffen und mich mit ihrer Pracht geschminkt, und nach und nach erschien ich mir im Spiegel als der, der ich bin. Doch morgens, wenn es still war, Schritte hinausschlichen, Türen klackten, bevor es hell wurde, gingen sie erhobenen Hauptes, während ich zusammengekrümmt liegen blieb. Ich habe blindlings geliebt, aber bin ich im Gegenzug je selbst geliebt worden? Ein Teil meines Herzens ist krank, als krankte ein Teil der ganzen Welt, und dieser Kummer spaziert durch meine Träume und mein Sehnen. Die heutige Nacht ist wie ein großes Herz, das zum letzten Mal schlägt.

Ich verlasse Neapel, während am Himmel der Morgen erst langsam graut. Wie jemand, der im Schutze der Nacht aus seinem Haus flieht. Ich habe das Gefühl, Neapel nicht Auf Wiedersehen sagen zu können. Ich kann nur die Lichter der riesigen Passagierschiffe sehen, die meine Träume schürten, als ich jung war, inzwischen lähmt mich ihr Anblick, ebenso wie die Rückkehr in ein Land, das mein Leichentuch sein wird. Der vielgesichtige Schriftsteller hatte recht, ich nehme es Mauricio übel. Er hat mir den Luxus geboten, wenig zu arbeiten, Teil einer behaglichen Familie zu sein, ohne echte Verpflichtungen zu leben. Und heute werde ich gewahr, dass ich ein Beamter im Dienste meiner eigenen Freiheit war. Dass wir alle im Gefängnis sitzen, welches auch immer wir uns aussuchen. Angst oder Notwendigkeit hätten mich vielleicht gezwungen, der Künstler zu werden, den ich habe faul sein lassen. Was werde ich wohl in den paar Jahren tun, die mich noch vom Tod trennen? Wo werde ich schlafen, lieben, essen?

Ich warte auf den ersten Flug. Noch drei Stunden, um einen letzten neapolitanischen Kaffee zu trinken. Das Einzige, was ich behalten habe, ist mein Heft, mein Exvoto, das mir vielleicht die Tür zum Paradies öffnet. Ich laufe durch den eisigen Flughafen. Die Leute tragen Masken und schauen sich nicht an. Alle scheinen auf der Durchreise zu sein in einer bornierten Welt, über einen Bildschirm gebeugt, der eine Beziehung zu anderen vortäuscht. Wir sind zu abstrakten Wesen ohne Ecken und Kanten geworden. Ich bin allein, wieder allein, so wie damals, als ich angekommen bin. Ich habe nichts mehr, was ich schreiben, nichts mehr, was ich zeichnen könnte, außer geschlossenen Augenlidern, Gesichtern, die versteckt sind, um uns das Leben zu retten. Aber mit dem Ende der Verbundenheit ist der Tod schon deutlich vor dem Virus in unsere moderne Welt getreten. Es versetzt uns lediglich den Gnadenstoß. Ich rücke in der Schlange vor, ich zeige meine Papiere, meinen Test, mein unterschriebenes Gesundheitsformular. Reisen ist nichts Romantisches mehr, die Welt ist ein Andenkenladen, der uns Erinnerungen vorschlägt, ein Andenkenladen für Momente, die wir noch nicht erlebt haben.

Über Paris sind Wolkenberge, die sich zusammenballen, so wie ich sie als Kind sah, wenn ich im Fieber fantasierte. Ich werde keine begehrlichen Blicke von oben auf Paris werfen, nur auf meine Erinnerung an meine Fiebernächte. Manchmal denke ich, wenn ich die richtigen Schritte auf dem schwarz-weißen Marmorboden gemacht hätte, die richtigen Schritte, wie man die richtigen Züge beim Schach macht, dann wäre mein ganzes Leben anders verlaufen. Monica hätte mich voller Freude bei sich aufgenommen. Neapel hätte nicht gebebt. Ja, ich glaube, dass die ganze Welt mit mir verbunden ist, wie ich umgekehrt mit ihr verbunden bin, dass eine Person genügt, deren Körper in die falsche Richtung kippt, damit wir alle ungebremst ins Leere fallen.

Ich habe immer gewusst, dass es einen Unterschied gibt zwischen dem, der ich bin, und dem, der ich bin, wenn ich schreibe, weder mein Herzschlag im Innern noch meine äußere Hülle, meine Haut, haben mich je zutiefst ich sein lassen. Wann also bin ich wirklich ich gewesen? Vermutlich, wenn ich das Leben im Café Nube betrachtet habe. Bei jeder Tasse, die jemand einem anderen schenkte, der sie entgegennahm, hat mein Mitgefühl mich Jacques Madelin sein lassen.

Meine Geschichte habe ich nur durch die der anderen erlebt. Ich hoffe, Sie haben mich anhand der wenigen Begebenheiten aus meinem Leben und der Schicksale, von denen ich erzählt habe, ein bisschen besser kennengelernt.

Es gibt glückliche Menschen und die, die schöpferisch tätig sind. Mein Leben war anders, als ich es mir vorgestellt hatte, aber ich habe mich hinten im Café, über mein Heft gebeugt, am richtigen Platz gefühlt. Darum möchte ich Sie ermuntern, diesen Roman, falls Sie die Mittel dazu haben, in einem Hotelzimmer, in einem Zugabteil oder auf einer Bank zu hinterlassen für jemanden, der sich kein Buch leisten kann. Ein *romanzo sospeso*.